나는 도서관에서 기적을 만났다

나는 도서관에서 기적을 만났다
ⓒ김병완 2021

초판 1쇄 인쇄 2021년 3월 29일
초판 1쇄 발행 2021년 4월 9일

지은이 김병완
펴낸이 신정민

기획·책임편집 김성수 **디자인** 이정민 **마케팅** 정민호 김경환
저작권 한문숙 김지영 이영은
홍보 김희숙 김상만 함유지 김현지 이소정 이미희 박지원
제작 강신은 김동욱 임현식 **제작처** 영신사

펴낸곳 (주)교유당
출판등록 2019년 5월 24일 제406-2019-000052호

주소 10881 경기도 파주시 회동길 210
문의전화 031-955-8891(마케팅) 031-955-3583(편집)
팩스 031-955-8855
전자우편 gyoyudang@munhak.com

ISBN 979-11-91278-29-3 13320

11년 차 평범한 직장인에서 베스트셀러 작가가 되기까지 1000일간의 이야기

나는 도서관에서 기적을 만났다

김병완 지음

싱긋

불을 밝히고, 고독하고,

무한하고, 확고부동하고,

고귀한 책들로 무장하고,

부식되지 않고, 비밀스런 모습으로

도서관은 영원히 지속되리라.

_호르헤 루이스 보르헤스, 《바벨의 도서관》

도서관 그 1000일 동안의 기적

나는 평범한 직장인이었다.

그것도 대기업에서 가장 바쁘고 힘들다는 연구개발부서의 연구원이었
다. 5년 전까지는 그랬다. 대학을 졸업하고 직장생활을 시작한 나는 처음
몇 년간은 신 나고 재미있는 인생을 만끽했다.

사회생활, 직장생활은 대학생활과는 전혀 달랐다. 많지도 적지도 않은
돈이었지만, 바로 그 돈을 스스로 벌 수 있다는 것이 가장 크게 달라진 점
이었다.

대기업에 입사한 나는 열심히 일하면서 젊음을 불태웠다. 그렇게 열심
히 하는 성격 탓에 어느 정도 인정도 받았고, 여러 가지 경험도 할 수 있
었다. 내가 직장을 다니면서 가장 좋았던 점은 바로 해외 출장을 갈 수 있
었다는 점이다.

덕분에 나는 평생 처음 비행기를 탈 수 있었다. 내 생애 최초로 외국에 나가서 잠을 잔 곳이 이탈리아의 밀라노였다. 비록 밀라노 시내에서 좀 떨어진 곳이었지만 나에게는 꿈만 같았다. 그 후로 유럽의 다른 나라에도 가보고, 중국에도 가보았다.

그렇게 11년이란 세월이 빠르게 지나갔다. 어떤 이들은 더 좋은 조건, 더 좋은 연봉, 더 좋은 경력, 더 좋은 인맥을 좇아 수도 없이 직장을 옮겨 다녔다. 하지만 나는 그런 것들이 싫었다. 성격상 맞지 않았기 때문이다.

"가장 큰 적은 오히려 자신의 마음속에 있다"는 말이 그대로 들어맞는 다는 사실을 11년 차 직장인이 되고 나서야 비로소 알게 되었다. 마음속 깊은 곳에서부터 알 수 없는 갈망이 사그라지지 않고 나를 사로잡았다. 며칠을 굶주려본 사람들은 알 것이다. 배고플 때는 먹는 것 말고는 다른 모든 것이 쓰레기로 보인다는 것을! 이런 현상이 나에게 일어났다.

다시 생각해보자. 누군가 멋진 숲을 거닐고 있었다. 열매도 따 먹고 맛 있는 물도 마시며 행복하게 거닐었다. 그런데 문득 자신이 거닐던 그곳이 실은 숲이 아니라 사막이었다는 놀라운 사실을 깨닫게 된다면 어떻게 할 것인가?

더 큰 문제는 그 순간 그 사막에 길이 없다는 것이다. 숲과 전혀 다른 환경이 사막이며, 그 사막은 바로 당신이 지금까지 살아온 인생일 수 있 다. 당신이 열심히 살면 살수록 점점 더 사막 깊숙이 갇힌다면 당신은 과연 무엇을 위해 살아가고 있는 것이며, 무엇을 향해 나아가고 있는 것 일까?

그때 나의 심정은 바로 그랬다. 나는 사막에 갇혀 있었고, 점점 더 사막의 중심으로 가기 위해 발버둥치는 삶을 살았던 것이다. 그것을 깨닫게 되자 그동안 맛있게 먹었던 '월급'과 '사회적 평가'와 '지위'가 쓰레기처럼 보이게 되었다.

더는 쓰레기를 먹을 수 없었다. 무엇보다 사막에 점점 갇히는 길을 가고 있는 나로서는 그 사막을 벗어날 길을 발견하는 것이 우선이었다. 그런데 치명적인 문제가 있었다. 나는 사막의 중앙으로 가는 길에서 멈추거나 방향을 틀지 않았다. 그러면서도 그것에서 벗어나고자 했다. 이는 자기기만이었다.

거액의 연봉, 높은 지위, 큰 성공이란 것들은 나 자신을 사막의 정중앙을 향해 달려가도록 만드는 신기루였다. 그것에 집착하면 할수록 나는 더욱더 사막에 갇히고 있다는 사실을 깨닫게 되었다.

아무리 좋은 직위와 높은 연봉, 안정된 직장이라 할지라도 상상도 할수 없는 '새로운 인생에 대한 갈망' 앞에서는 모두 무용하고 무익하고 무가치한 것들로 전락해버렸다.

2008년 12월 31일, 그렇게 나는 여느 때와 다를 바 없이 팀원들을 퇴근시킨 후 혼자 남아서 짐을 꾸렸다. 그리고 퇴사 수속을 밟고 조용히 회사를 나왔다.

2009년 1월 2일, 팀원들은 새해의 부푼 꿈을 안고 출근했을 것이고, 새해 인사를 하기 위해 나의 책상에 몰려들었으리라. 하지만 그들은 모두 경악했을 것이다. 하루아침에 팀장이 사라져버렸다는 사실을 알고 적잖은 동요를 했을 것이다.

하지만 누군가에게 알리고, 사전에 양해를 구하기에는 나 자신이 너무나 절박했다. 물에 빠져서 생사가 위태로운 사람이 어떻게 수영의 영법을 원칙대로 다 지킬 수 있을까? 살아남아야 하기에 그것이 어떤 영법인지 생각할 겨를 없이 필사적으로 헤엄치듯, 나 역시 팀원을 생각할 여유가 없었다.

만약 그때 팀원들에게 이런저런 이야기를 했다면 나는 아직도 평범한 샐러리맨으로 살아가고 있을지 모른다. 결단은 빠를수록 좋다. 실천은 더 빨라야 한다.

그렇게 2009년 새해 벽두에 새로운 제2의 인생을 시작한 평범한 샐러리맨이 그 후 몇 년간 살아온 인생 이야기가 이 책의 내용이다. 그 과정에서 나는 학교에서 가르쳐주지 않고, 평범한 삶에서는 배울 수 없는 깨달음과 경험을 맛보게 되었다. 특히 3년간 도서관에서 수천 권의 책을 읽었고, 1년 6개월간 엄청난 양의 책을 집필했다. 그 기간에 33권의 책이 출판되었다. 이것은 대한민국 역사상 전무후무한 일이라 한다. 이 모든 책은 공저도, 대필도 아닌 한 작가 단독의 책이며 모두 성인 대상이었다. 그중에 적지 않은 책들이 일본과 중국에서 번역 출판되었고 베스트셀러가 되었다.

이 과정을 통해 나는 인생을 최고로 살아가는 법과 도서관이 기적의 장소라는 사실을 깨닫게 되었다. 이 깨달음과 함께 나만의 독특한 시각과 견해가 생겼다. 그래서 이 책에는 다른 사람에게서는 듣기 힘든 나만의 특별한 메시지가 담겨 있다. 그것이 이 책의 내용을 더 탄탄하게 잡아주리라 생각한다. 하지만 한 가지 미리 말해주고 싶은 것이 있다. 바로 인생에는 정답이 없다는 사실이다. 나와 다른 삶을 살아간다고 해서 저 사람은 오답이고 나는 정답이라고 할 수 없다. 다만 자신의 선택이 정답이 되도록 하나씩 만들어나가는 삶이 현명한 삶이다. 그리고 나와 다른 삶을 무조건 틀렸다고 말해서는 안 된다. '다르다'와 '틀리다'를 혼동하지 말자.

이 책은 다른 방식으로 다른 삶을 살았던 한 사람의 이야기일 뿐이다. 그러나 그 다른 이야기가 당신이 지금까지와는 다른 인생을 살아가는 데 약간의 도움을 줄 수 있으리라.

수많은 사람이 나를 '작가님' 혹은 '작가 선생님'이라 부른다. 하지만 나는 지금도 나 자신을 작가라고 생각하지 않는다. 나는 나 같은 사람이 작가가 되리라고는 단 한 번도 생각한 적이 없다. 결코 그런 꿈이나 목표를 가진 적이 없다.

그렇다면 나는 무엇인가? 나는 '도서관이 만든 인간'이다. 그래서 나는 '메이드 인 라이브러리(made in library)'이다.

수많은 사람이 여러 가지 다양한 이유로 회사를 그만두고 제2의 인생을 살아간다. 그런데 나의 이야기가 조금은 남다르고 특별한 이유는 제2의 인생을 일구어내는 과정이 독특했기 때문일 것이다. 사실 나의 제2의 인생은 너무나 드라마틱했다.

이 드라마 같은 인생2막 이야기는 도서관에서 시작한다. 도서관은 기적이라 해도 과언이 아닐 정도로 놀라운 일들을 내 인생에 선물했다. 나에게 일어난 이 놀라운 일들은 특별히 잘난 사람들에게는 어쩌면 평범한 것들일 수도 있다.

그러나 나와 같이 평범한 사람들에게는 절대 예사롭지 않다. 가령 TV 에 출연하는 일, 신문에 글이 실리는 일, 잡지사로부터 원고 청탁을 받는 일, 유명인사나 명사 특강에 초청받아 강연하는 일, 여러 기업과 관공서, 단체에서 강연 요청을 받는 일. 자신의 이름으로 된 책들이 출판되고, 베 스트셀러가 되고, 외국에 번역 출간되는 일, 대한민국 1등 포털 사이트인 네이버에서 자신의 이름 석 자를 검색하면 (이름 석 자 뒤에 그 어떤 호칭도 없이) 자신의 사진과 프로필이 제일 먼저 보이는 일, 그리고 여러 기사가 연이어 뜨는 일, 트위터에서 누군가가 나와 나의 책 이야기를 하는 일 등 이 그것이다.

보통 사람이 이런 일을 하는 사람이 되었다. 그것도 회사를 그만두고 5년도 채 안 되어서 말이다. 그렇게 인생 혁명을 할 수 있게 해준 도서관 에서의 3년 동안의 기적! 이 책은 바로 그 1000일의 기적 이야기다.

프랑스 철학자 중 한 사람은 '천국은 도서관과 같을 것'이라고 상상의 나래를 펼쳤다. 나 역시 세상에서 가장 천국을 닮은 곳은 책이 있는 도서 관이라고 생각한다. 키케로는 여기서 한술 더 떠서 "책이 없는 방은 영혼 이 없는 육체와 같다"고 말했다.

수만 권에서 수백만 권의 책이 고스란히 존재하고 있는 특별한 공간, 도서관은 누구라도 새로운 인생으로 향할 수 있게 해주는 마법의 공간이 다. 그러한 마법의 공간에서 몇 년만 살아보라. 몇 년만이라도 그러한 공간에 몸과 정신을 담가보라. 자신도 모르게 마법에 걸리고, 그 마법은 현실이 되어 당신을 상상도 못한 그 무엇이 되게 이끌어줄 것이다. 그리고 더 중요한 사실은 무엇이 되는 것보다 어떻게 살아갈 것인가에 대한 해답을 얻을 수 있다는 점이다.

도서관은 '누군가'에게는 기적이 일어나는 마법과 같은 장소가 된다. 그런 점에서 도서관은 기적이다. 그리고 그 '누군가'가 '모든 이들'이 될 수 있다는 사실 또한 놀라운 비밀이 아닐 수 없다. 나는 그 비밀과 가능성을 온몸으로 경험하고 느끼고 발견했다. 그 덕분에 나는 인생을 바꿀 수 있었다. 그리고 이것은 모든 사람에게 똑같이 적용될 수 있다. 그런 점에서 도서관은 기적, 그 자체이다.

> 모든 로마인들은 노예에게 둘러싸여 있었다. 노예와 노예들의 심리가 고대 이탈리아에 흘러넘쳤고 로마인은, 물론 부지불식간이긴 하지만, 내면적으로 노예가 되어버렸다. 언제나 노예들의 분위기 속에서 생활했기 때문에 무의식적으로 그들의 정신세계에 젖어든 것이다. 이 같은 영향으로부터 자신을 방어할 수 있는 사람은 아무도 없다.
>
> _칼 구스타브 융, 《분석심리학 논고》

위대한 심리학자 칼 구스타브 융(Carl Gustav Jung)의 말을 통해 나는 심오한 사실을 깨달았다. 수많은 책에 둘러싸여 있던 도서관에서의 생활 덕분에 그 수많은 책이 내 정신세계에 젖어든 것이다. 나는 3년 동안 책들에 둘러싸여 있었다. 그리고 그 책이 나 자신이 되자 내 안에서 책들이 넘쳐나는 현상을 경험했다.

　나의 이야기는 이런 기적에 관한 것이다. 내 이야기가 인생을 바꾸는 기적 같은 일을 꿈꾸는 이들에게 눈을 열어주고 마음을 넓혀주는 도구가 되기를 바란다. 내가 경험한 일은, 다시 생각해봐도 그것은 누구에게나 가능한 일이다.

Chapter 1 　낙엽 하나가 들려준 인생의 진실:
　　　　　　나는 평범한 11년 차 직장인일 뿐

Chapter 2 　직장인으로 산다는 것,
　　　　　　그 빛과 어두움

왜 도서관인가, 왜 도서관이어야 하는가

당신이 도서관에 가야 할 이유는 무엇일까? 숨 가쁘게 바쁜 현대인이 굳이 도서관에 가야 할까? 직장이나 가정에서도 클릭 한 번이면 원하는 정보를 거의 대부분 찾을 수 있는 세계화 3.0시대에 수천 년이나 된 구태의연한 물리적 장소인 전통적 도서관에 꼭 가야 할까?

당신은 직장에서 하루 10시간 이상 바쁘고 치열하게 사는 사람일 수도 있다. 지독하게 경쟁하면서 살기에도 시간이 부족하게 느껴지리라. 하지만 그럼에도 당신이 도서관에 가야만 하는 이유가 있다. 나는 그 이유를 마셜 맥루언(Marshall McLuhan)의 《미디어의 이해》에서 찾는다. 이 책은 출간된 지 반세기가 다 되어가고 있다. 그런데도 그 내용이 점점 더 새롭게 다가온다. 물론 이 책은 출간 당시에도 그 신선한 시각으로 세상에 충격을 안겨주었다.

오랜 시간 인간을 파편화하고 전문화했던 직업의 시대가 끝났다. 그 결과 새로운 직업이 나타났다. 정보 채집자, 이것은 우리 모두가 새롭게 종사하게 된 새로운 직업의 이름이다. 정보를 직업적으로 채집하기 위해서는 새로운 개념이 필요하다. 그것의 이름은 '문화'다. 문화는 우리가 일하는 환경을 송두리째 바꿔버린다. 이제 인간은 자신이 살아가는 전체 환경과 완전한 균형을 이룬 상태에서만 일을 할 수 있게 된다. 마치 원시 시대에 식량 채집자가 그랬던 것처럼 말이다. 이제 세계는 유목적이다. 노동은 사라졌다. 완전히 달라진 이 세계에서 우리 인간이 절실히 원하는 것은 무엇인가? 대답은 명료하다. 인생과 사회의 창조적 과정에 대한 지식과 통찰이다.

_마셜 맥루언, 《미디어의 이해》

우리가 살아가고 있는 이 세상은 결코 어제와 같을 수 없다. 당신은 어제와 다른 오늘을 살아야 한다. 그것도 '잘' 살아야 한다. 당신이 살아가야 할 내일 역시 오늘과 같지 않다. 무엇인가가 새롭게 창조되고 또 다른 무엇인가가 날마다 사라진다. 그렇게 끊임없이 사라지고 창조되는 것들의 덩어리를 '정보'라고 지칭한다. 그리고 또 다른 누군가는 '문화'라고 말하기도 한다.

우리의 삶은 마셜 맥루언이 말한 채집자의 수준을 뛰어넘는다. 현대인들은 무엇인가를 끊임없이 창조하는 창조자의 경지에까지 이르고 있다. 하지만 어떤 이들은 여전히 과거의 삶의 방식인 채집자의 수준에 머물며 살아가고 있다. 그런데 바로 이러한 차이가 그들의 부와 사회적 지위와 성공과 행복이라는 거의 모든 것의 격을 결정한다.

이런 이유 때문에 도서관이라는 공간을 자주 찾고 오래 머물렀던 이들이 더 큰 부와 더 높은 사회적 지위와 더 많은 성공과 더 질 좋은 행복을 만들 수 있었던 것이다. 물론 인류가 만들어온 모든 지식들의 연결체인 책들이 수만 권 모여 있는 도서관에 간다고 해서 모두가 멋진 지적·의식적 경험과 도약을 하지는 않는다. 그러나 도서관에 가지 않는 사람들이 도서관에 가는 사람들보다 훨씬 더 많은 성장과 도약의 기회를 놓치고 있다는 사실만은 분명하다.

마셜 맥루언은 자신의 저서를 통해 모든 미디어는 인간 감각의 확장이라고 주장했다. 그리고 그러한 인간 감각의 확장인 모든 미디어는 인간의 의식과 경험을 형성하고 있다고 말했다. 이와 비슷한 맥락에서 나는 모든 책이 인간의 사상과 의식의 확장이라고 생각한다. 그리고 인간의 사상과 의식의 확장인 모든 책이 인간과 사회를 새롭게 창조하고 있다고 말하고 싶다.

즉 모든 책은 인간의 의식과 사상의 확장이며, 바로 이러한 인간의 의식과 사상은 인류 문화와 사상과 기술의 발전을 위해 반드시 필요한 원동력이다. 또 그것들은 우리 한 사람 한 사람의 인생의 질과 격을 결정짓는다. 각 개인의 인생의 질과 격은 나아가서 사회의 격과 질을 형성한다. 한마디로 모든 책은 당신과 당신의 인생과 당신이 속한 사회의 격과 질을 결정한다.

모든 현상에는 이유와 법칙이 있다. 이 진리는 부와 성공의 영역에도 그대로 적용된다. 그 이유와 법칙을 잘 이해하는 사람일수록 그것들에 더 쉽게 접근할 수 있으며, 더 잘 활용할 수 있다. 특히 사회적 성공은 어떤 법칙 위에서 만들어갈 수 있다는 점에서 더더욱 그렇다고 할 수 있다.

규칙이나 법칙 같은 룰(rule)이 있다는 점에서 인생과 성공은 게임과 다를 바 없고, 스포츠 경기와 마찬가지다. 그런데 스포츠 경기나 게임에 참여하는 사람들은 모두 그 규칙을 잘 알고 있다. 하지만 인생이라는 게임에 참여하고 있는 사람 중 대부분은 그 법칙을 제대로 숙지하지 못하고 있다. 법칙을 잘 안다면 더 적은 노력으로 더 좋은 결과를 얻을 수 있다. 그래서 독서를 통해 세상의 이치와 원리를 잘 이해할 때 더 성공적이고 훌륭한 삶을 살 수 있는 것이다.

당신이 인정하든 그렇지 않든 관계없이 이 세상은 책에 의해 움직이고 있다. 그래서 책의 저장소이며 인간과 책이 교감하고 영혼과 인류의 사상이 교차하는 역동적인 공간이자 마법의 공간인 도서관에 가야만 하는 것이다. 자신의 인생에서 새 장(章)을 열고 싶은 사람이라면 더더욱 그렇게 해야만 한다.

책을 통하지 않고 인생의 새 장을 연 사람도 있을 수 있다. 그러나 너무나 많은 위인이 책을 통해 자기 인생의 새 장을 열었다는 것은 아무도 부인할 수 없는 사실이다.

> 한 인간의 존재를 결정짓는 것은 그가 읽은 책과 그가 쓴 글이다.
>
> _도스토옙스키

얼마나 많은 사람이 독서를 통해 인생의 새 장을 열어왔는가!

_헨리 데이비드 소로

　당신이 도서관에 가야만 하는 이유는 이것 말고도 많다. 이것은 당신의 상상과 사고력을 뛰어넘는다. 그 많은 이유는 과연 무엇일까? 이 질문에 대한 대답은 수천 가지 혹은 수만 가지가 될 수 있다. 그리고 그것은 당신이 스스로 찾아야 한다.

　중요한 사실 하나만 말하겠다. 당신은 도서관에 감으로써 도서관에 가지 않았다면 결코 찾을 수 없었을 당신과 당신의 인생을 찾을 수 있다. 바로 그것이 당신이 도서관에 가야 하는 가장 중요한 이유일지도 모른다.

　나는 당신이 가장 먼저 발견해야 할 것은 숨겨진 이 세계가 아니라 당신이 단 한 번도 찾지 못했던 당신 자신이어야 한다고 믿는다. 당신 자신을 발견하기 위해 당신이 가장 많이 가야 하고, 가장 먼저 가야 할 곳이 도서관이다. 그곳에서 자신을 발견하고 자신의 인생을 드높인 이들이 한두 명이 아니라는 사실을 상기한다면 나의 이 말에 반대할 수 없을 것이다.

　인류 역사상 가장 위대한 소설가 중 한 사람이라 할 수 있는 러시아의 대문호 레프 톨스토이는 이미 40대 중반에 부와 명성과 성공을 다 가졌던 인물이다. 그러나 안타깝게도 그는 그때까지 자기 자신을 발견하지 못했다. 그래서 자살까지 시도했지만 운 좋게도(?) 실패하여 살아남았다. 이후 톨스토이는 신문과 잡지를 의도적으로 멀리하고 역사적 위인들의 책을 읽으며 사색을 했다. 그가 인류의 위대한 영혼들과 매일 교감한 후

마지막으로 남긴 책에 이런 글이 나온다.

"인류가 어디로 가고 있는지는 아무도 모른다. 단지 '당신'이 어디로 가고 있고, 어디에 있는지를 아는 것이 우리가 할 수 있는 최고의 지혜이다."

전혀 도서관에 가지 않고도 성공하고 부자가 된 사람들이 있다고 반문할지도 모른다. 하지만 그런 사람들이 도서관에 갔다면 그러한 성공과 부를 훨씬 더 빨리 이루었을 것이고, 그 규모 역시 지금보다 수백 배는 더 컸을 것이다.

계속 담배를 피우면서도 건강하게 오래 사는 사람이 있다고 한다. 하지만 그런 사람 한두 명 있다는 사실이 당신이 담배를 끊지 않아도 건강하게 살 수 있다는 그 어떤 근거도 되지 못한다. 마찬가지로 도서관에 가지 않고서도 인생의 새 장을 연 사람이 한두 명 있다고(만약 있다면 말이다. 나는 아직 찾지 못했지만) 해서 그것이 당신이 도서관에 가지 않아도 인생의 새 장을 열 수 있다는 것을 보장해주지는 않는다.

이 책은 도서관에 가는 것을 통해 인생의 새 장을 연 평범한 중년 남성의 이야기다. 그리고 그것은 누구에게나 적용될 수 있는 이야기이기도 하다. 그 이유는 그 남자가 특별한 재능이나 지능을 가진 사람이 아니기 때문이다. 평범한 사람이 도서관에 자주 가게 되면 인생이 달라진다는 사실을 믿지 못하는 사람들에게 이 책은 그러한 의심이 왜 어리석은 것이며, 또한 부질없는지를 알려줄 것이다.

이렇게 좋고 유익한 세계가 있는데 어떻게 그것을 다른 이들에게 비밀로 할 수 있겠는가? 바로 이것이 이 책의 집필 동기라면 동기다.

낙엽 하나가 들려준 인생의 진실:

나는 평범한
11년 차 직장인일 뿐

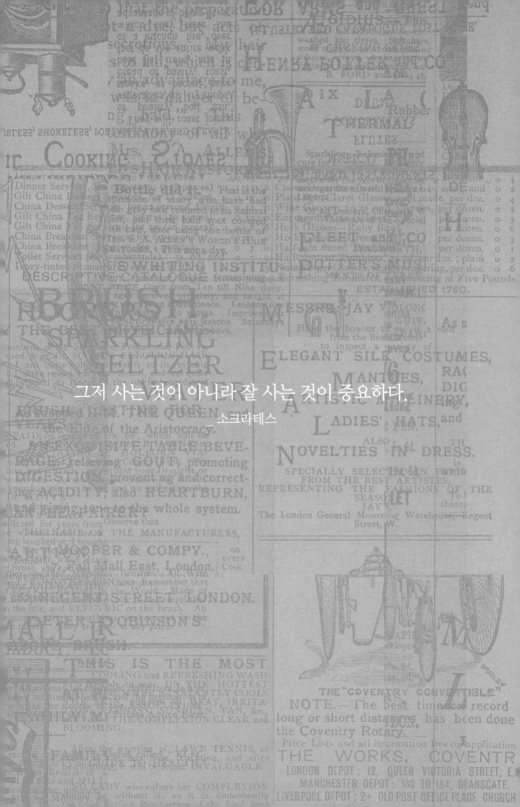

그저 사는 것이 아니라 잘 사는 것이 중요하다.

_ 소크라테스

직장인으로 산 11년,
그리고 남은 것

"자신의 행복이 아닌 다른 목표를 추구한 사람만이 실제로 행복을 얻을 수 있다."

존 스튜어트 밀(John Stuart Mill)이 자신의 명저 《자서전》에서 한 말이다. 이 말은 직장생활 11년 동안 내가 행복하지도, 즐겁지도 않았던 이유를 잘 보여주고 있는 것 같다. 남들처럼 평범한 샐러리맨으로 11년을 산 나는 자기 행복과 성공과 부를 직접적으로 추구하는 그 많은 사람 중 한 명이었기 때문이다.

11년의 직장생활이 끝났을 때 내게 남은 것은 백수에게 큰 짐이 될 처자식밖에 없었다. 재테크에 관심이 없었던 탓에 그 흔한 주식도 하지 않았다. 부동산도 마찬가지였다. 변변한 집 한 채도 없었다. 한국 사회에서 11년 동안 대기업을 다녔다지만 내 재력은 초라하기 그지없었다.

이런 외형적 상황보다 더 비참한 것은 눈에 보이지 않는 내면의 울림이었다. "그저 사는 것이 아니라 잘 사는 것이 중요하다"는 소크라테스의 정문일침(頂門一鍼)이 나의 영혼을 뒤흔들었다. 그의 말을 기준으로 나 자신을 돌아보자면 나는 '잘' 살지 못했다. 그저 세상에 등 떠밀려서 살아왔을 뿐이었다. 솔직히 말하자면 11년 차 직장인이 되기까지 나는 '그저' 살았다.

남들이 학교에 가기에 나도 가야 하는 줄 알았고, 그래서 열심히 공부했다. 그리고 남들이 대기업에 입사하는 것을 보고 나도 할 수만 있다면 그래야 하는 줄 알았다. 최소한 남들처럼 그렇게 살면 인생의 낙오자는 안 된다는 생각을 품고 있었던 것 같다.

하지만 이러한 생각들이 나의 인생을 갉아먹는 좀벌레가 되고, 나중에는 도저히 극복하거나 이겨낼 수 없는 인생의 괴물이 된다는 것을 어렴풋이나마 알게 되었다. 하지만 그때는 이미 늦은 것 같다는 때늦은 후회가 더 풀기 힘든 과제가 되어 나를 엄습해왔고, 나의 사고와 행동을 제어하는 듯했다.

20대에는 20대이기 때문에 남들처럼 살아야 한다는 강박관념이 있었고, 40대에는 40대이기 때문에 사고와 행동이 제약을 받을 수밖에 없다고 여겼다. 그렇게 생각하다 보니 더 좋은 때라는 것은 애당초 존재하지 않는다는 '기특한' 깨달음에 이르게 되었다. 20년을 그렇게 더 좋은 환경, 더 좋은 시간, 더 좋은 기회, 더 좋은 때를 기다려왔는데 말이다. 그래서 더 좋은 때를 기다리지 않기로 했다. 대기업에서 11년이나 직장생활을 하고 나서야 중요한 것은 시기가 아니라 자기 자신이라는 사실을 알게 된 것이다.

아무리 좋은 시기, 좋은 기회가 온다고 해도 자기 자신이 준비되지 않았다면 아무 소용이 없다. 스스로 사고하고 행동하지 않으면 그 모든 좋은 시기와 기회는 결국 모두 물거품이 되어버리기 때문이다.

이 세상은 우리가 알고 있는 것보다 훨씬 더 정확하고 철저하다. 세상은 우리가 그것을 이루기에 합당한 가치가 있는 사람인지 아닌지를 정확하게 평가하고, 그에 걸맞게 대우하고 이루게 해준다.

내가 좋아하는 말 중에 이런 것이 있다.

> 어떤 물건이 자기의 것이면 어떻게든 자기 것이 되고,
> 그렇지 않으면 잠시 가지게 되더라도 언젠가는 잃어버린다.

욕심을 내지 말라는 교훈이 담긴 말이다. 하지만 나는 이 말에서 다른 교훈과 의미를 더불어 발견할 수 있었다. 이 말은 자기 자신을 엄청나게 가치 있는 사람으로 향상시키라는 뜻을 내포하고 있다. 즉 내가 사고와 행동에서 매우 수준 높은 사람이 되면 이 세상이 누구보다 먼저 그것을 알고 그 사고와 행동, 즉 내 수준에 맞게 좋은 것들을 제공하고 대우해준다는 것이다. 다시 말해 로또 1등에 당첨되어 거액의 돈을 가지게 된다고 해서 그 사람의 수준이 향상되는 것은 아니다. 소유물이 갑자기 많아졌을 뿐 그 사람의 사고와 행동이 달라지지는 않는다.

사고와 행동이 달라진다는 것은 이전에는 자기 자신의 머리와 가슴으로 생각하지 못하던 것들을 생각하고, 이전에는 행동으로 옮기지 못하던 것들을 행동에 옮기는 것을 말한다.

이렇게 이전과는 다른 사고와 행동들을 한다는 것은 그 사람의 의식과 생각이 달라졌다는 것을 의미한다. 그리고 그것은 그 사람이 이전과는 다른 사람이 되었다는 것을 의미한다. 세상은 그 사람이 그렇게 성장하고 달라진 만큼 그것에 걸맞게 대우해주고, 세상의 좋은 것들을 제공해준다.

그런 점에서 사고와 의식과 행동이 달라지는 독서와 공부와 사색을 하는 사람들은 자기 자신이 달라진 만큼 세상의 부와 명예와 권력과 영향력 같은 것들을 거머쥘 수 있다.

사회적으로 높은 직위에 있을 만큼의 사고와 행동을 하지 못하는 사람은 운 좋게 자신에게 굴러들어 온 권력조차 한순간의 어처구니없는 사고와 행동으로 놓쳐버린다. 나는 그것이 바로 이런 이치가 작용하기 때문이라고 생각한다.

우리는 언론 보도 등을 통해 이런 고위 공직자들을 여러 차례 보았다. 그래서 같은 시대를 살아가고 있는 사람들이라면 누구나 이 사실을 잘 알고 있을 것이다. 이것은 비단 권력에만 국한되는 것이 아니다. 돈도 마찬가지다. 돈도 그 사람이 그것을 가지고 있을 만한 사고와 행동을 하는 사람만이 소유할 수 있다. 즉 의식과 자격이 있는 사람이라면 로또에 당첨되지 않더라도 돈이 굴러들어와서 부자가 된다. 그러나 그런 자격이 없는 사람은 제아무리 로또에 당첨되더라도 몇 년 후에 그 많던 돈을 다 날려

버리는 것을 우리는 쉽게 접할 수 있다.

　내가 직장에서 11년 동안 열심히 일하고 회사생활에 충실했다지만, 어제와 별반 다르지 않은 그런 삶을 살았던 이유도 바로 여기에 있다. 아무리 열심히 일해도 의식과 사고가 바뀌지는 않기 때문이다. 물론 현명한 사람들은 열심히 직장생활을 하면서도 조금씩 자기계발을 통해 자신을 향상시킨다. 하지만 나는 그렇게 현명한 사람이 되지 못했다.

　나는 직장생활을 할 때는 직장에 거의 모든 에너지와 시간과 정신을 집중해야 하는 유형의 사람이었다. 무엇보다 전략이나 계획과 같은 것들이 부재했고, 미래에 대한 준비, 멀리 내다보는 안목도 부족했던 것이 사실이다. 한마디로 전체적으로 인생을 잘못 살아가고 있었던 것이다. 부끄럽지만 이것을 솔직하게 인정해야 했다.

사표!
던질 것인가, 말 것인가

"시도했던 것이 모두 잘못되어 폐기되더라도 그것은 또 하나의 전진이기 때문에 나는 절대 실망하지 않는다."

토머스 에디슨의 이 말은 나처럼 그 어떤 것도 제대로 시도해보지 않은 사람에게는 매우 충격적으로 다가왔다.

지금까지 살면서 단 한 번도 의미 있는 그 무엇을 시도해본 적이 없다는 자책이 생겼다. 내 인생에서 사실상 단 한 번의 의미 있는 실패조차 발견할 수 없다는 사실은 내가 뭔가 가치 있는 시도를 전혀 하지 않았다는 반증이었다.

그 당시 나는 40년 가까이 인생을 살면서도 평생 마음에 남을 정도로 큰 실패를 해본 경험이 없었다. 그런데 이것이 인생을 잘 살아왔다는 것을 의미하지는 않았다. 오히려 무엇인가 멋진 시도를 해보지 못했다는 뜻이었다. 그저 그렇게 남들처럼 혹은 남들의 인생과 비슷하게 살아왔다. 남들을 좇아서, 아니면 세상을 좇아서 의미 없이 살아온 것이다. 한마디로 나 자신의 인생을 용감하게 개척하며 살지 않았다.

자기 자신의 길을 가면서 용감하게 인생을 개척하며 살아가는 사람들은 상상도 하지 못할 정도로 많은 실패와 경험을 하게 된다는 사실을 그때야 깨달았다. 대학에 입학하고 20년, 직장생활을 시작한 지 11년이 지난 후에야 이 중요한 사실을 알게 된 것이다.

'사표! 던질 것인가, 말 것인가?'

직장생활을 시작한 후 11년 차가 되던 해 가을부터 나의 머릿속은 온통 새로운 인생에 대한 생각으로 가득 차 있었다. 그것이 정확히 어떤 삶의 모습인지는 알 수 없었다. 하지만 지금 이대로의 삶을 도저히 더 감당할 수 없을 것 같았다.

그때 느낀 감정은 내가 쓴 다른 책《48분 기적의 독서법》에 잘 드러나 있다.

나는 대기업을 다니던 평범한 회사원이었다. 이른바 명문대학을 졸업하고 삼성전자에 입사하여 휴대폰 연구원으로 10년 이상 남들과 다를 바 없는 샐러리맨 생활을 했다. 회사생활이 10년 지나고 난 다음, 그러니까 지금부터 3년 전에 내 인생을 송두리째 뒤흔들어 놓았던 큰 사건이 발생했다. 사실을 그대로 말하자면, 그 사건은 '외부적 발생'이라기보다 '내면적 자청'이었다. 낙엽 지던 어느 가을날 길가에 뒹구는 나뭇잎들을 보고 불현

듯 '바람에 뒹구는 쓸쓸한 저 나뭇잎'이 내 신세와 같다는 생각이 들었다. 아니, 생각만이 아니라 나와 같은 샐러리맨의 미래의 모습이 연상되면서 뇌와 심장에 심한 충격이 왔다. 나 같은 직장인은 회사라는 나무를 통해 영양분을 공급받아 살아가야 하는 낙엽인 것이다. 생명력이 자체 공급되는 나무 본체가 아니면 아무 의미나 가치, 생명도 유지시킬 수 없는 낙엽과 매우 닮아 있다는 깨달음이었다.

다람쥐 쳇바퀴 돌 듯하는 생활과 회사라는 조직(나무)에서 이끄는 대로 그 나무에 매달려 살아야만 하는 회사 의존적인 기생생활에는 더 이상 비전이 없고, 미래가 없다는 생각을 하게 되었다. 그때부터 회사 일이 손에 잡히지 않았다. 몇 달을 고민한 끝에 그해 겨울 12월 31일을 마지막으로 10년 이상 다닌 회사를 떠나게 되었다.

_김병완, 《48분 기적의 독서법》

이렇게 나는 몇 달을 고민한 끝에 그해 겨울 12월 31일을 마지막으로 10년 이상 다닌 회사, 내 인생의 처음이자 마지막 회사를 떠났다. 11년간 조직 인간으로 살아왔던 나는 이제 조직생활을 하지 않는 삶을 시작했다.

나는 찰스 핸디(Charles Handy)의 《코끼리와 벼룩》이라는 책을 통해 조직 인간의 의미를 깨달았다. 찰스 핸디는 피터 드러커, 톰 피터스와 함께 세계적인 경영사상가 중 한 명이다. 그는 자신의 책을 통해 '생존하려면 변화하지 않을 수 없다'고 주장했다. 나 역시 생존하기 위해, 혹은 좀 더 나은 삶을 살기 위해 변화를 선택했던 것인지도 모른다.

극적 변화의 필연성을 부인하는 사람은 그저 사는 삶을 스스로 선택하는 것과 마찬가지다. 찰스 핸디는 아폴로형 회사와 안톤 체호프의 희곡 이야기를 통해 이 사실을 우리에게 일깨워주고 있다.

아폴로형 회사들은 동요하는 세계에서는 살아남기가 어렵다. 이것은 최근의 일본 회사들의 사례에서 잘 나타나고 있다. 아폴로 회사들은 변화를 싫어하는 것이 아니라, 과격한 변화보다는 점진적인 변화를 좋아한다는 뜻이다. 아폴로 회사는 과거를 무시하기보다는 과거를 바탕으로 구축하기를 좋아한다. 아폴로형 인간은 계획된 변화 혹은 변화의 관리를 즐겨 이야기하는데, 남들이 보기에 그것은 자기모순적 개념인 것이다. 아폴로 회사들은 새로운 조직을 관리하기 위해 조직 속에서 성장한 사람들을 선호한다. 그들은 이 격동하는 시대를 헤쳐나가는 데 있어서 어떤 연속성을 추구하는 것이다.

하지만 그것은 결코 성공하지 못한다. 네모 상자 안에 들어가 있으면 상자 바깥을 상상하기가 쉽지 않다. 안톤 체호프(Anton Chekhov)의 《벚꽃동산》은 100년 전에 쓰인 희곡이지만 그 도덕은 오늘날에도 유효하다. 그것은 경제적 파탄에 직면한 옛날의 부잣집 이야기다. 그들은 현재 살고 있는 집을 빼놓고 재산이라고는 별로 상업적 가치가 없는 커다란 벚나무 과수원뿐이다. 사업가 친구가 그 과거의 부잣집에다 과수원을 휴일 별장 지역으로 개발하면 현재 살고 있는 집을 보존할 수 있다고 말한다. 부잣집은 그 얘기에 귀 기울이지 않는다. 그건 말도 안 되는 소리이고 그들의 과거를 모욕하는 것이다. 마침내 외부인인 그가 그 과수원을 사버리고 그들은 쫓겨난다. 체호프는 이 희곡을 코미디라고 부르지만, 보다 정확하게 말하면 우리 시대의 비극인 것이다.

_찰스 핸디, 《코끼리와 벼룩》

이 이야기를 다시 접하면서 나는 체호프의 희곡에 등장하는 부잣집 사람들처럼 누군가가 내 인생에 들어와 내 인생을 통째로 사버리기 전에, 그래서 내 인생에서 쫓겨나기 전에 스스로 변화를 선택했다는 점에서 안도의 한숨을 내쉬었다.

지금 이렇게 글을 쓸 수 있는 것 역시 극적인 변화를 추구했기 때문에 얻게 된 좋은 결과와 부산물 중 하나라고 생각한다.

'극적인 변화'를 추구하는 사람에게만 '극적인 인생 역전'이 가능할지도 모른다는 생각이 들기 시작했다. 그리고 이 생각은 점점 더 굳어졌다. 실제로 그러한 변화의 인생을 살아가는 사람 중 하나로서 확신을 품게 되었다. 나는 단언한다.

"극적인 변화를 추구하는 사람만이 극적인 인생 역전을 하게 된다."

처자식이 걸린다

"환경이 인간을 만드는 것이 아니라, 인간이 환경을 만드는 것이다."

벤저민 디즈레일리(Benjamin Disraeli)의 말이다. 무엇을 하든 완벽한 환경과 조건을 만나기 위해 아무것도 하지 않고 소극적으로 기다리는 것은 어리석은 짓이다. 성공과 승리를 위해 투자할 수 있는 황금 같은 시간을 사장시키는 안타까운 일이기 때문이다.

인생의 초반에 실패를 많이 한 사람이 인생의 중반이나 후반에 큰 성공을 하는 경우가 많다. 이것은 그들의 사고와 행동력이 수많은 도전과 시도를 이끌었고, 그로 인해 숱한 실패를 경험하는 과정을 통해 성장했기 때문이다. 즉 결단력과 행동력이 있는 큰 사람으로 스스로를 성장시켰던 것이다.

환경 탓만 하면서 공부도 하지 않고 도전도 하지 않는 사람은 무엇을 시작해도 느리고, 시간도 많이 필요하다. 그러나 환경 탓을 하지 않는 사람은 남들보다 훨씬 더 빠르게 도전하고 실패하고 다시 도전한다. 하지만 결국에는 한 번도 도전하지 않은 사람보다 훨씬 더 큰 인생을 살고, 더 큰 성공을 하게 된다는 것을 알 수 있다. 그런 점에서 이미 수천 년 전 손자(孫子)가 "졸속(拙速)이 지완(遲完)을 이긴다"고 한 말에 나는 100퍼센트 동감한다.

전쟁이든 사업이든, 공부든 연애든 무엇을 하더라도 완벽한 때가 오기를 기다린다거나 완벽한 승리를 위해 질질 끄는 것은 옳지 못하다. 빨리 도전하고 빨리 끝내는 것이 훨씬 더 낫다. 손자는 자신의 명저《손자병법》을 통해 이렇게 주장했다.

> 그 전쟁을 함에 오래 끌면 병사는 무디어지고 날카로움은 꺾이며, 성을 공격하면 힘을 다하며, 군대를 밖에 보내 오랫동안 진쟁하게 되면 나라의 재정이 부족하게 된다. 무릇 병사가 무디어지고 예리함이 꺾이며, 힘이 다하고 재정이 다하면 주변에 있는 제후가 그 피폐해진 틈을 타서 일어나게 되리니, 그렇게 되면 아무리 지혜로운 사람이 있더라도 그 뒷일을 좋게 하지 못한다.
>
> 그러므로 전쟁에 그 솜씨가 매끄럽지 못하더라도(혹은 바라는 바 전과에는 미치지 못하더라도) 빨리 끝내야 함은 들었어도, 솜씨 있게 하면서 오래 끄는 것은 보지 못했다.
>
> 무릇 전쟁을 오래 끌어서 나라에 이로울 것이 없나니, 그러므로 전쟁을

할 때의 해로움을 다 알지 못하면 전쟁을 할 때의 이로움을 다 알 수 없다.

_손자, 《손자병법》

인생 전략을 세우고 인생의 성공을 위해 무엇인가에 도전하고자 하는 사람들이라면 손자의 충고에 귀를 기울여야 할 것이다. 완벽한 때를 기다리거나 완벽하게 준비하느라고 꾸물거리면서 아까운 시간을 낭비하는 것보다는 준비가 완벽하지 않더라도 결단하고 실천에 바로 옮기는 것이 더 낫다.

내가 존경하는 사마천(司馬遷)도 이런 말을 한 적이 있다.

"결단(決斷)을 가지고 행하면 귀신도 겁을 먹고 피한다."

이 말은 그 어떤 장황한 언술보다 세상의 모든 이치를 함축적으로 표현하고 있다.

20대와 비교할 때 40대 중년이 인생을 완전하게 극적으로 뒤바꾼다는 것은 힘든 일이다. 그것은 가히 '기적'이라 할 만하다. 20대 때가 상대적으로 변화하기 쉽다고 하는 것은 자신이 무엇을 하며 어떤 인생을 살아갈 것인지가 정해지지 않았기 때문이 아니라, 20대의 결정은 대개 자기 자신만의 일이기 때문이다. 그러나 30대나 40대 때의 변화는 자기 자신만의 일이 아닌 경우가 많다. 그래서 중년들의 도전과 인생 역전이 그렇게 힘든 것이다.

변화가 그토록 힘든 이유는 대부분 경제적·물질적 이유가 아니라 정신적·사고적 이유인 경우가 많다. 40대나 혹은 30대, 심지어 20대조차도 자기 인생을 극적으로 바꾸지 못하고 어제와 별반 다를 바 없는 그런 인생을 살아가고 있는 이유 중 가장 큰 것은 실패에 대한 두려움, 자기 자신의 잠재력에 대한 불신, 생계와 현실에 대한 압박 때문일 것이다. 그런 점에서 결단을 내리고 행동하는 사람들은 이미 큰 산을 넘어섰다고 볼 수 있다.

큰 두려움, 근심, 염려, 걱정, 부정적인 마인드 등 눈에 보이지 않지만 엄습해오는 온갖 압박들을 내면에서 이겨냈기 때문이다. 최소한 결단을 하고 행동으로 옮기는 그 순간에는 그 사람들이 승자이다. 그래서 세상도 그것을 알고 그만큼 대우해주고, 그만큼 좋은 것들을 내어준다. 귀신조차도 그 사람에게 겁을 먹고 피하는 것이다.

내일 더 멋진 삶을 살기 위해 당신이 오늘 반드시 해야 할 일은 어렵고 힘든 것이 아니다. 거창하고 위대한 일도 아니다. 그저 작은 한 걸음을 내딛는 것뿐이다. 나는 그것을 했을 뿐이다. 그저 작은 한 걸음을 내디딘 걸과 한 달에 한 권 이상의 책을 출간하는 작가가 된 것이다.

11년 차 직장인이던 2008년 12월 31일, 회사에 출근해서 일을 하고 있던 내가 더 멋진 내일을 살기 위해 할 수 있었던 것 중 하나는 결단을 하고 사표를 쓰고 나오는 일이었다. 그리고 그것이 나를 이전과는 전혀 다른 인생과 성공으로 이끈 계기였음을 5년이 지난 지금 비로소 알게 되었다.

처자식에 대한 책임감은 결혼한 남자라면 누구나 안고 가야 할 짐이다. 여성 역시, 특히 결혼한 여성에게는 자녀를 양육하고 집안일을 챙겨야 할 인생의 짐이 있다.

인간은 누구나 인생의 짐을 짊어진다. 10대 때는 10대이기 때문에 벗어날 수 없는 인생의 짐이 있고, 20대 때는 20대이기 때문에 짊어져야 하는 인생의 짐이 있다. 인생의 짐이 있다고, 그리고 그 짐이 많다고 자신이 정말 가고 싶은 장소나 목적지를 향해 발걸음을 옮기지 못한다는 것은 따지고 보면 납득하기 힘든 논리다.

처자식을 먹여 살려야 한다는 짐을 지고 간다는 것이 반드시 미래가 없는 직장에서 날마다 조용한 절망을 외치며 쥐 죽은 듯이 무기력하게 살아가야 함을 의미하지는 않는다.

평균수명이 40세밖에 되지 않았던 중세 시대 혹은 조선 시대에는 다른 인생을 사는 것이 쉽지 않았다. 그래도 그 시대에 제2의 인생을 살아간 사람이 적지 않다.

하물며 평균수명 90세를 바라보고 있는 이 시대에 3년이란 세월은 하루로 치면 48분과 마찬가지다. 하루를 즐겁고 의미 있게 보내기 위해 점심시간 전후 48분을 투자한다는 것이 과도한가? 오히려 수지맞는 장사가 아닌가?

문제는 그렇게 할 수 있을 정도의 의식을 갖지 않는 것이다. 의식이 부족하면 하루하루 누구보다 더 열심히 살아가더라도 비효율적인 일에 매몰되어 평생 그저 그런 삶, 경제적으로 덜 풍요롭고, 사회적·가치적으로 낮은 수준의 삶을 살게 될 수 있다.

처자식이 걸린다고 자신의 인생을 드높일 수 있는 도전을 포기할 수 없다. 당신에게는 그럴 의무도 권리도 없다. 당신의 인생은 당신이 선택하는 것이다. 아무도 당신의 인생과 당신의 선택에 대해 간섭할 수 없다. 당신만이 당신이 선택한 인생에 대해 대가를 치르고 또한 보상을 받는 유일한 사람이기 때문이다.

당신을 포함한 우리 모두에게는 결단과 선택이 필요하다. 아무것도 선택하지 않고 아무것도 결단하지 않은 채 살아간다는 것은 결국 그냥 살아가는 것을 선택하고 결단한 것과 다를 바 없기 때문이다. 내가 40여 년 동안 열심히 인생을 살아왔음에도 그저 그런 삶을 살았던 것은 바로 이 때문이었다고 할 수 있을 것이다.

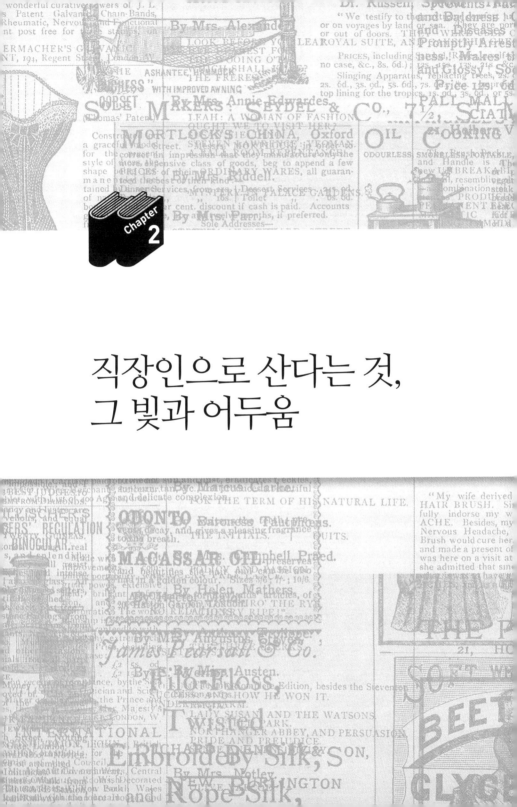

Chapter 2

직장인으로 산다는 것,
그 빛과 어두움

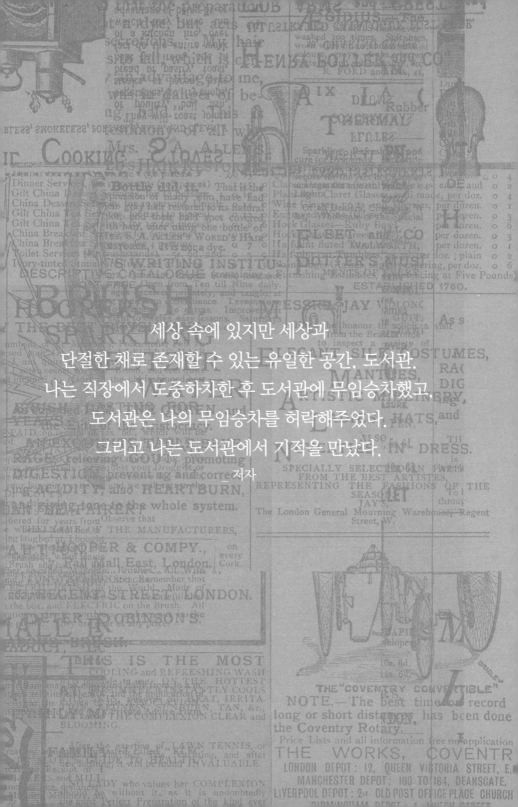

세상 속에 있지만 세상과
단절한 채로 존재할 수 있는 유일한 공간, 도서관.
나는 직장에서 도중하차한 후 도서관에 무임승차했고,
도서관은 나의 무임승차를 허락해주었다.
그리고 나는 도서관에서 기적을 만났다.

저자

대기업 삼성에 취직하다!

나는 운 좋게(?) 대학 4학년 때 이미 대기업 입사가 확정된 상태였다. 그래서 대학 4학년 생활을 좀 더 여유롭게 보낼 수 있었다. 그렇다고 한량처럼 놀면서 보낼 수 있었다는 말은 아니다.

대기업은 항상 경쟁이 치열하다. 그 때문에 입사가 결정되어 있다 하더라도 준비해야 할 것이 적지 않았다. 그중 대표적인 것이 전공 실력과 어학 등급이다. 영어를 예로 들면 토익 1등급을 따야 한다. 이것도 좋은 정도는 아니다. 그저 불이익을 피할 수 있는 수준이다.

내가 신입사원일 때는 토익 1등급이 크게 많지 않았지만, 결코 적은 수도 아니었다. 동기들이 대부분 토익 1등급인데 나만 2등급이면 그때부터 격차가 벌어지기 시작한다. 이렇듯 대기업에서 직장생활을 한다는 것 자체가 부단한 자기계발을 멈출 수 없는 숙명을 안게 되었음을 의미한다.

나는 입사하기 1년 전부터 이미 회사에 다니고 있는 것과 다를 바 없었다. 입사 전 대학 4학년 여름방학 때 여름캠프에 참석하여 공동체 의식과 회사의 여러 가지 시스템 등에 대해 배우면서 즐거운 시간을 보낸 기억이 난다.

그때 만났던 동기들은 지금 어디서 무엇을 하고 있을까? 모두 인생에서 기적을 만났을까? 나는 11년 동안 직장생활을 누구 못지않게 열심히 했다. 하지만 기적이라고 부를 수 있을 만큼 특별한 일을 만들어내거나 경험해보지 못했다.

기껏해야 6시그마 경연대회에 나가 혼자 최우수상을 받은 것 정도이다. 아직 사원 신분일 때 대리, 과장, 부장 등 수십 명의 부서원 중 혼자 상을 받았다. 1000만 원의 두둑한 보너스까지 챙겼다. 물론 이것은 특별한 일이다. 그리고 열심히 일한 사람에게 혹은 조금 일을 잘한 사람에게 충분히 있을 수 있는 일이라 생각한다. 그러나 이것은 내가 도서관에서 만난 기적에 비하면 그저 평범한 일이다.

입사 후 3년 동안 나는 당시 회사에서 가장 힘들다는 휴대폰 프로젝트 팀에 소속되어 일했다. 그 덕분에 가장 힘들고 바쁜 직장생활을 보내야 했다. 그 3년 동안 나는 크리스마스나 연말연시, 명절 연휴 때 항상 같은 장소에 있었다. 바로 비행기 안이었다. 출장지로 떠나거나 출장을 마치고 돌아오는 길이었다. 그만큼 대한민국에서 가장 바쁜 직장인 중 한 사람으로 살았다. 지금 생각해보면 살았던 것이 아니라 버텨냈던 것 같다.

내가 입사했을 때 삼성은 애니콜 신화를 이루어내고 있었다. 하지만 애니콜 신화는 국내용이었다. 국내에서는 휴대폰 하면 삼성이었다. 그러나 한국 땅을 벗어나면 그렇지 않았다. 휴대폰 하면 삼성이라고 말하는 이는 단 한 명도 없었다.

그 당시 세계무대에서 삼성은 값싼 가전제품을 만드는 2류 가전회사로 취급받았다. 삼성이 휴대폰도 만드는 회사라는 것을 아는 사람은 거의 없었다. 그때 국내용 휴대폰은 CDMA 방식으로 2세대 휴대폰이었다. 그런데 내가 속한 팀은 외국용 휴대폰을 맡았는데 GSM 방식으로 2.5세대 휴대폰이었다. 즉 국내 애니콜은 세계적으로 볼 때 좁은 한국에서만 사용할 수 있었다. 한국을 벗어나면 무용지물이라는 말이다.

물론 평생 한국에서만 살거나 활동할 사람에게는 아무런 상관이 없다. 하지만 글로벌 시대를 살아가야 할 사람에게 이것은 심각한 문제가 된다. 그 당시 GSM은 넓은 지역, 정확히 말해 동남아시아, 중국, 유럽, 호주 등 지구의 반 정도 되는 넓은 지역에서 사용할 수 있는 방식이었다. 그런 점에서 국내용과 비교조차 되지 않았다.

CDMA에서 앞선 삼성전자는 국내에서 휴대폰 1위를 고수하고 있었지만, GSM 방식의 휴대폰에서는 생산과 판매를 위한 해외 인증조차 받지 못한 초짜 회사였다. 그 당시만 해도 세계 휴대폰 시장에서 한국의 삼성전자는 아무도 알아주지 않는 그런 회사였다.

이렇게 1990년대 후반만 해도 세계에서 거의 무명이었던 삼성전자 휴대폰이 정확히 15년 만에 세계 휴대폰 1위 업체로 도약했다는 사실을 생각할 때 삼성전자는 정말 위대한 회사이다. (11년 동안 함께 휴대폰을 연구하고 개발해온 동기들과 동료들에게 무한한 감사와 축하를 보내고 싶다.)

삼성전자 휴대폰이 거쳐온 역사, 즉 출발과 성장과 도약 과정 중 마지막 단계는 2012년에 이루어졌다. 그해에 삼성전자는 세계 휴대폰 시장 1위에 등극한 것이다. 그 역사적인 시기에 나는 도서관에 있었다.

1990년대 후반까지 삼성의 해외 휴대폰 연구개발부서는 거의 계륵(鷄肋)과 같은 신세였다. 아무리 투자를 해도 해외 인증에 합격하지 못해 휴대폰을 팔 수조차 없었다. 그뿐만 아니라 팔 수 있는 제대로 된 해외용 휴대폰을 하나도 만들어내지 못했다. 그만큼 실력, 기술력, 노하우, 인력, 경험 등이 부족했다. 정말 아무것도 없던 시절이었다.

나는 그런 시기에 삼성에 입사했다. 그리고 삼성이 처음으로 외국에서 단일 모델을 500만 대 이상 판매하는 단계로 발전하는 과정을 함께했다. 삼성전자는 서서히 값싼 가전제품을 만드는 2류 회사에서 휴대폰, 그것도 제법 괜찮은 휴대폰을 생산하는 첨단 전자회사라는 이미지를 갖기 시작했다.

그러나 이를 위해 해외 휴대폰 개발부서였던 GSM 부서의 팀원들은 내가 입사했던 바로 그때부터 3년 동안 가장 힘든 시기를 보내야 했다. 나는 그렇게 삼성이라는 대기업에서 첫 사회생활을 시작했다.

나 자신을
넘어선다는 것

내가 처음 참여한 프로젝트는 SGH-2000(유럽 방식 GSM폰)이었다. 결과적으로 이 휴대폰은 제품의 완성도와 기술력이 떨어졌고, 디자인이 나빴고, 크기가 너무 컸다. 그래서 세계 시장에 나가서 세계 최고의 휴대폰 업체들과 어깨를 나란히 하기에는 아직까지 턱없이 부족하다는 것을 뼈저리게 느끼게 해주었던 프로젝트였다.

하지만 처음 시작하고 도전하는 것치고는 곧잘 해내었다. 나는 그것이 지금도 자랑스럽다. 내가 아닌 다른 사람들이 그렇게 자랑스러워 보이는 이유는 그들의 실력이나 삼성이 가진 기술력 때문이 아니다. 그때 함께 일했던 동료나 선배들의 투지와 혼신과 열정이 지금 생각해봐도 멋지고 아름다웠기 때문이다.

첫 번째 프로젝트가 실패하면서 동시에 두 번째 프로젝트가 시작되었다. 나는 이 프로젝트가 엄청난 시련과 고통과 인내를 요구한다는 사실을 이 프로젝트가 끝날 때쯤 알게 되었다. 그 프로젝트의 이름은 SGH‑600 이었다. 이것은 삼성 휴대폰 역사에서 최초, 최고, 최대의 휴대폰으로 기록되기에 부족함이 없을 것이다.

그 어떤 기술력도, 경험도, 노하우도 없었던 신입사원 4명과 과장 2명이 이 휴대폰을 만들어냈다. 그때 나의 선임이었던 과장 두 명은 모두 지금 삼성의 임원이 되어 있다. 그리고 그 프로젝트의 팀장이었던 부장님은 지금 삼성전자의 수장이 되어 있다.

나는 그 프로젝트를 진행하면서 혼신과 투지가 무엇인지를 온몸으로 배울 수 있었다. 외부에서 보면 대기업에서 직장생활을 한다는 것이 매우 힘들고 어려운 일일 수도 있다. 하지만 나는 그 속에서 인간이 무엇인가에 혼신을 다할 때, 그 모습과 그 열정과 그 에너지가 얼마나 황홀한 것인지를 분명하게 체험했다.

거의 반년 가까이 일주일에 서너 번씩 꼬박 밤을 새워가며 휴대폰의 ESD 문제를 개선하기 위해 실험실에서 수백 번, 수천 번, 수만 번, 수백만 번 테스트를 한 적도 있었다. 그때는 정말이지 모든 것을 포기하고 싶었다. 하지만 그런 최악의 상황에서도 당시 부장님은 이같이 말했다.

"재미있다."

밤을 꼬박 새운 후 그의 입에서 나온 말이 나를 충격에 빠뜨렸다. 사실은 나 역시 그때 재미를 느끼고 있었다. 하지만 나는 사원이었고 그는 부장이었다. 어디서든 아랫사람들은 재미보다는 위압감을 많이 느끼지 않는가. 특히 문제가 해결되지 않을 때는 말이다.

1년 넘는 개발 기간을 통해 모든 팀원들이 혼신을 다한 결과 SGH-600은 삼성의 휴대폰 역사에 길이 남는 '작품'이 되었다. 이 휴대폰의 개발과 성공을 통해 삼성은 글로벌 휴대폰 제조회사로 도약할 수 있는 발판을 마련할 수 있었다.

나는 SGH-600 개발 과정에서 수십 개의 단말기를 배낭에 넣고 유럽과 중국, 두바이를 다니며 필드 테스트를 진행했다. 그때 느낀 점은 그쪽 현지인들은 1990년대 중후반까지 삼성이라는 회사가 휴대폰을 만들고 있다는 사실조차 알지 못하고 있다는 것이었다.

그 당시 이미 유럽의 수많은 쟁쟁한 휴대폰 제조회사와 미국이나 일본의 선진 회사들이 막강한 GSM폰을 개발하여 판매하고 있었다. 삼성은 너무 늦게 시작한 후발주자였고, 결국 GSM폰을 포기해야 하는 최악의 상황까지 몰리기도 했다.

조금만 잘못되었으면 삼성의 휴대폰 사업은 지금과는 전혀 다른 양상으로 흘러갔을지도 모른다. 하지만 다행스럽게도 SGH-600이 성공하면서 모든 상황은 급격하게 달라졌다. 삼성은 그 성공을 도약의 발판으로 삼아 지금까지 달려올 수 있었던 것이다.

돌아보면 나는 입사 2년 차에 이 프로젝트에 참여하면서 나 자신을 넘어선다는 것, 한계에 도전한다는 것이 어떤 것인지를 알게 되었고, 그 때문에 많은 성장을 할 수 있었다.

얻는 게 있으면
잃는 것도 있는 법

나는 이 프로젝트(SGH-600)를 진행하면서 혼신을 쏟는다는 것이 어떤 것인지를 온몸으로 체험했다. 무엇보다 내가 놀란 것은 삼성맨들의 도전 의식이다. 지금 현재 자신의 능력이나 실력이나 경험으로는 도저히 해낼 수 없는 일일지라도 그들은 일단 도전해보자는 식으로 나섰다.

지금까지 한 번도 해본 적이 없었기 때문에 해서는 안 된다는 따위의 생각은 그 부서에 없었다. 그 대신 지금까지 한 번도 해본 적이 없기 때문에 이제는 반드시 해야만 한다는 정신이 녹아들어 있었다.

이러한 분위기 속에서 인간의 생각과 의식은 달라질 수밖에 없지 않을까? 삼성에 입사하고 나서 몇 년 사이에 나는 완전하게 개조되었다. 엄청난 의식의 변화를 경험했던 것이다. 그러나 결국 그 의식의 변화는 좋은 직장인이 되기 위해 필요한 변화였을 뿐이다. 기업에서 직장인으로 산다는 것은 결국 기업이 원하는 사람으로 조금씩 개조되는 것임을 깨닫는 데는 직장을 떠난 후 오랜 시간이 걸리지 않았다.

하지만 나는 운이 좋았다. 대기업에서 직장인으로 11년 동안 살면서 나는 수많은 다른 국내 기업들보다 좀 더 나은 시스템과 근무환경 속에서 일했다. 그리고 그 11년 동안의 직장생활은 내가 지금 작가로서 살아가는 데 엄청난 도움이 된다. 이 사실 또한 놀라운 것이다.

만약 내가 대학에서 문과 쪽을 전공하고, 졸업하자마자 글을 쓰는 직업을 선택했더라면 지금처럼 다양한 분야, 다양한 주제의 책들을 결코 쓸 수 없었을 것이다. 삼성에서 11년 동안 직장생활을 하면서 얻은 것도 많았다.

솔직하게 말하자면 '맨땅에 헤딩하는 것' '세계 최고라는 의식' '할 수 있다는 의식' '빠른 스피드의 업무처리 방식' '무엇이든 일단 해보자는 의욕적인 자세' 등은 삼성에서 11년 동안 생활을 하면서 내가 배운 것들이다. 그래서 삼성에서 11년 동안 보낸 시간은 한마디로 인생의 낭비가 아니라 남들이 경험하지 못하는 다양한 것들을 경험하는 소중하고 값진 시기였다고 생각한다.

하지만 얻는 것이 있으면 잃는 것도 반드시 존재하는 것이 세상의 자연스러운 이치다. 직장에서 일에만 너무 몰두하다 보니 나의 인생, 나의 삶, 나의 미래, 나의 의미, 나의 가치, 나의 목표, 나의 꿈에 대해서는 자연스럽게 소홀해질 수밖에 없었다.

《텅 빈 레인코트》에서 찰스 핸디가 한 말처럼 왜 우리는 성공할수록,

부유해질수록 허전해지는 것일까? 직장에서의 삶은 자기 자신을 발견해 나갈 수 있는 그런 삶이 아니기 때문이 아닐까. 직장에서 열심히 일할수록, 그래서 승진할수록 더욱더 자기 자신과 멀어져야 하고, 직장과 직위에 가까워져야 한다.

언젠가 나는 불타는 석유시추선에서 뛰어내린 앤디 모칸(Andy Mo-chan)에 대한 이야기를 읽은 적이 있다.

1988년 7월 영국 스코틀랜드 근해에서 석유시추선이 폭발하는 사고가 발생하여 단 한 명을 빼고 168명이 아까운 생명을 잃었다. 유일한 생존자는 앤디 모칸이었다. 시추선이 폭발했을 때 그는 아주 깊은 잠에 빠져 있었지만, 엄청난 폭발음 소리에 잠을 깼고 본능적으로 갑판 위로 뛰쳐나왔다.

갑판 위에서 그는 엄청난 딜레마에 빠졌다. 불타는 시추선 위에 그대로 있으면 죽는다는 것은 분명한 사실이었다. 하지만 차가운 북해의 파도 속으로 몸을 던진다는 것도 여전히 죽을 가능성이 높은 선택이었다.

그는 결국 '죽게 될 상황의 수용'과 '생존 가능성이 거의 없는, 거의 죽음에서 벗어날 것 같지 않은 무모한 도전' 사이에서 하나를 선택해야 했다. 물론 아무것도 선택하지 않고 결단하지 않아도 된다. 하지만 아무것도 결단하지 않고, 선택하지 않고, 행동하지 않는 것은 결국 확실한 죽음을 선택한 것과 다를 바 없다.

아마도 168명의 사람들은 아무것도 결단하지 않았거나 결단하는 데 시간이 걸려 안타깝게도 탈출할 기회를 놓쳐버렸을 것이다. 그러나 앤디 모칸은 빨리 결단하고 실행하여 얼어 죽을 수 있는 어둡고 차가운 북해에 몸을 던졌다.

나는 '입사 11년 차에 결단하지 않았다면 어땠을까? 그 결단이 더 늦어졌다면 지금 내 모습은 어떨까?' 하고 자문해본다. 아마도 도서관에서 기적을 만나지 못했을지도 모른다. 그런 점에서 나는 행운아이다. 하지만 그 이상도 그 이하도 아니다.

도중하차 삼성맨!
도서관에 무임승차하다

도중하차!

어쨌든 나는 스스로 도중하차를 선택했다. 11년간의 직장생활에서 뛰어내린 나에게 남은 이름은 '도중하차 맨'이었다. 하지만 나는 후회하지 않았다. 오히려 나는 도중하차를 통해 조직 인간에서 도서관을 마음껏 이용할 수 있는 자유 인간으로 변신할 수 있었다.

나는 도중하차를 한 덕분에 '도서관 폐인'이 될 수 있었다. 하지만 도서관 폐인 시절은 놀랍게도 많은 양의 책을 쏟아내는 저술가가 되기 위한 변화의 과정이었다. 그 사실을 지금은 알고 있다. 내가 도서관에서 기적을 만날 수 있었던 이유는 정신없이 나를 몰아쳤던 바쁜 일상에서 뛰어내렸기 때문이다. 그렇다고 해서 나처럼 도중하차를 하기만 하면 모든 사람이 기적을 만날 수 있다는 말은 아니다.

그러나 그런 모험 없이 기적을 만난 이는 단 한 사람도 없다는 사실은 매우 충격적이지만 그만큼 중요한 교훈을 준다.

도중하차라는 모험을 했기 때문에 나는 도서관에서 수많은 사람을 만날 수 있었다. 물론 그렇다고 내가 그들에게 다가가 말을 건네며 지냈던 것은 아니다. 3년이 지나고 4년째 되던 해 단 한 사람에게 말을 건넨 적이 있다. 그리고 그 사람은 지금 나와 절친한 친구가 되었다.

도서관에서 내가 11년 동안 대기업을 다녔다는 사실을 아는 사람이 한 명도 없었던 것처럼, 나 역시 도서관에서 매일 만나는 그들의 삶을 알지 못했다. 하지만 우리에게는 한 가지 공통점이 있다. 우리 모두가 도서관이라는 시간과 공간을 초월한 마법의 공간을 통해 자신의 삶을 새롭게 일구어나가고 있는 마법사들이란 점이다.

그런 점에서 도서관은 누구에게나 기적의 공간이다. 상처 입은 이들에게는 그 상처를 낫게 해주고 상처가 아물도록 해주는 치유의 공간이며, 지옥과 같은 고통을 경험한 이들에게는 잠시나마 평화를 느끼게 해주는 작은 천국이다.

세상 속에 있지만 세상과 단절한 채로 존재할 수 있는 유일한 공간이 도서관인지 모른다. 나는 직장에서 도중하차한 후 도서관에 무임승차했다. 도서관은 나에게 무임승차를 허락해주었고, 그 무임승차는 내 인생에 기적을 만들어주었다.

직장에서 도중하차한 나는 사실상 그 어디에도 무임승차할 수 없었고, 또한 하기도 싫었다. 다른 직장에 무임승차할 생각이 털끝만큼이라도 있었다면 5년 정도는 충분히 더 그 직장에 남을 수 있었을 것이다.

하지만 5년 후면 지금보다 훨씬 더 많은 것들이 달라져 있을 것이다. 그래서 나는 마흔이 되기 직전에 도중하차를 선택했다. 40대 후반 혹은 50대에 직장을 나온다면 정말로 내가 무엇인가에 도전할 수 있을까? 나는 그 시간을 10년 정도 먼저 겪고 싶었다. 매도 먼저 맞는 게 낫다고 하지 않았는가?

직장에서의 도중하차와 도서관 무임승차라는 도전과 모험을 감행하면서 나는 많은 것을 배웠다. 그것은 학교에서는 절대 배울 수 없는 종류의 공부, 즉 인생 공부였다.

"세상살이에 관한 지식은 세상과 벗했을 때 얻어지는 것이지, 책상 앞에서 얻을 수 있는 것이 아니다"라고 누군가 말했던가. 나는 이 말에 반대한다. 세상을 아무리 살아도 세상살이에 관한 넓고 방대한 지식을 얻을 수 없다. 도서관이 아니면 절대로 배울 수 없다. 그 이유는 우리가 경험하면서 배울 수 있는 세상살이에 대한 경험과 지식은 매우 적고 협소하기 때문이다. 하지만 도서관에서 배울 수 있는 지식은 한 인간이 100년 동안 평생 살면서 배울 수 있는 경험과 지식의 수천 배 혹은 수만 배 이상이 된다. 내가 도서관에서 기적을 경험하게 된 것은 바로 그런 방대한 경험과 지식과 지혜가 담겨 있는 수만 권, 수십만 권의 책 덕분이다.

나는 도서관에서 책과 함께 울었고, 책과 함께 웃었다. 그리고 때로는 책과 함께 놀았고, 책과 함께 장난치기도 했다. 때로는 온갖 질문을 책에 던졌고, 때로는 책과 함께 도서관을 어슬렁거리기도 했다. 때로는 방대한 책과 함께 춤을 추었고, 때로는 무찌를 수 없는 상대임을 알고 있음에도 책들을 향해 시비를 걸기도 했다.

그렇게 나는 책과 하나가 되었고, 짧은 세상살이로는 도저히 배울 수 없는 엄청난 인생을 경험할 수 있었다. 그렇다. 내가 배운 것은 지식이나 기술이 아니라 인생이었고, 세상이었고, 경험이었다. 그런 점에서 나의 도중하차와 무임승차는 꽤 성공적이었다고 생각한다.

도서관에서 나는 내가 배워야 할 모든 것을 배울 수 있었다. 물론 내가 배워야 할 것들을 다 배웠다는 말은 아니다. 내가 배워야 할 것 대부분을 나에게 '제대로' 가르쳐준 곳은 직장이나 학교가 아니라 도서관이었다는 말이다.

나는 이렇게 도서관에서 기적을 만났다.

나는 도서관에서 내가 평생 살아도 다 배울 수 없는 세상을 만났다. 방대한 책이라는 마법의 카펫을 타고 세상 구석구석을 마음껏 여행했다. 때로는 오즈의 마법사를 만나기도 했고, 때로는 위대한 인류의 스승을 만나서 삶과 죽음에 관한 이야기를 나누었다. 어떨 땐 놀이동산에 생전 처음 간 어린아이처럼 인생 최고의 놀이를 즐겼다. 역시 무임승차는 즐거운 것이었다.

인간은 아무것에도 연연하지 않을 때 가장 창조적이다. 무엇인가를 해야 하고, 무엇인가가 되고 싶은 마음의 집착과 욕심이 조금이라도 있으면 절대로 창조적일 수 없다. 단지 창조적인 척할 뿐이다.

만 권의 책을 읽으면 작가가 될 수 있다. 그러나 작가가 되기 위해 만 권의 책을 읽고자 하는 사람이 있다면 그는 만 권을 다 읽지도, 작가가 되지도 못할 것이다. 목적과 의도를 가지고 어떻게 놀이동산에서 마음껏 놀수 있겠는가. 그저 신나게 놀 때라야 엄청난 수의 놀이기구를 모두 다 타게 되는 놀라운 일이 벌어지게 된다.

나처럼 도서관에 무임승차하고자 하는 이들이 있다면 한 가지 해주고싶은 말이 있다.

"힘을 빼면 더 빨라지고 더 강해진다."

욕심과 집착 그리고 어떤 의도를 버리고 순수하게 도서관에 무임승차할 때 기적을 만날 수 있다. 도서관에 오는 이들이 가장 많이 그리고 자주저지르는 최악의 실수는 무엇인가가 되기 위해, 혹은 무엇인가를 얻기 위해 도서관을 '수단'으로 이용하는 것이다. 도서관은 수단이 아니라 목적이 되어야 한다.

도서관은 이 사실을 누구보다 잘 알고 있다. 그래서 수단으로 자신을취급하고 대하는 사람들에게는 본래의 모습을 감추어버린다. 하지만 순수하게 목적으로 대하는 사람들에게는 거대하고 웅장한 도서관의 모습을 드러내 보여준다. 그것도 친절하게 말이다.

Chapter 3

살고 싶었다!
가슴 뛰는 삶,
가슴이 시키는 삶을

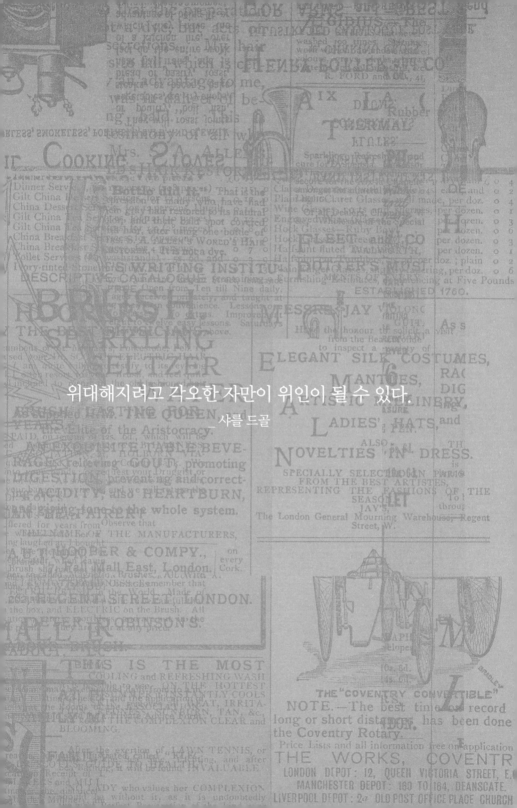

위대해지려고 각오한 자만이 위인이 될 수 있다.

_ 샤를 드골

아무도 나를
모르는 곳으로

가슴 뛰는 삶을 살지 못하는 것은 너무나 안타까운 일이다. 그러나 슬프게도 많은 사람이 그런 삶을 살아가고 있다. 나 또한 바로 그런 사람이었다. 그리고 이 책을 읽는 독자 중에서도 가슴 뛰는 삶을 스스로 포기한 채 무미건조하고 무기력한 삶을 살아가고 있는 분이 있을지도 모르겠다.

인생의 놀라운 비밀 가운데 하나는 아무것도 선택하지 않고 산다는 것은 최악의 것을 선택하며 산다는 것과 동의어라는 사실이다. 인생을 위해 무엇인가를 준비하고 도전하려고 하는 사람들은 그것이 어떤 것이든 최소한 최악의 것을 선택하지 않은 이유가 바로 여기에 있다.

"바람은 목적지가 없는 배를 밀어주지 않는다"는 몽테뉴의 말처럼 목표도, 도전도, 결단도, 선택도 없는 인생에게는 어제보다 더 나은 삶의 문이 저절로 열리지 않는다.

나는 환경에 의해 끌려가기보다는 환경을 스스로 만들어 끌고 가는 삶을 선택했다. 그것은 지방으로의 이사였다. 너무 많은 사람, 너무 많은 일, 너무 많은 추억이 얽혀 있는 서울을 떠나 아무런 연고도 없는 곳으로 떠나기로 결심했다.

과감하게 사표를 썼다고 해도 직장을 다니면서 살았던 그 집에서 계속 살게 되면 주위의 모든 환경이 크게 달라지지는 않을 것 같았다. 회사에 출근만 안 할 뿐이지, 그때의 생각과 생활습관이 고스란히 남아 있기 때문이다.

오랜 고민 끝에 내린 결론은 '아무도 나를 모르는 곳으로 가자'는 것이었다. 내게는 고독한 환경이 필요했고, 홀로 서기를 할 수 있는 환경이 필요했다. 이러한 환경이 내게 주어지지 않았기에 스스로 만들고자 했고, 그 결단이 바로 '부산으로 이사 가는 것'이었다.

우리 가족이 살고 있던 전셋집은 안타깝게도 이사 온 지 6개월도 채 안 된 상황이었다. 그래서 다시 이사 가려고 하니 이것저것 손해 보는 것과 귀찮은 일이 한두 가지가 아니었다. 하지만 나는 작은 것들에 연연하면 아무것도 할 수 없다는 사실을 잘 알고 있었다.

내친김에 하루라도 빨리 아무도 나를 모르는 곳으로 가고 싶었다. 처음에는 가족들의 반대가 있었다. 그러다 어느 순간부터 부산이라면 가겠다는 의견이 나오기 시작했다. 처음에 나는 도시보다는 시골로 가고 싶었다. 그러나 최소한 부산이라면 가족들, 특히 아내가 크게 반대하지 않을 것 같아 부산으로 가자고 설득했다. 결국 가족이 의견 일치를 보았다.

6개월 전 이사를 오면서 이용했던 이삿짐센터에 전화해 날짜를 잡았다.

이사 올 때 왔던 이삿짐센터 직원들이 이사를 갈 때도 왔다. 이사한 지 6개월도 안 되어, 그것도 부산이라는 지방으로 이사 가는 우리 가족에 대해 그들은 어떤 생각을 했을까? 그 당시에는 그것이 약간 궁금했다.

우리가 이사한 곳은 부산의 북구 화명 신도시였다. 해운대와는 부산 시내를 정면으로 가로지르는 반대쪽이었다. 다행히 금정산과 낙동강이 바로 옆에 있었다. 그곳에서 지금까지 5년을 살고 있다. 그런데 길거리에서 누군가가 중학교나 고등학교가 어디에 있느냐고 길을 물어올 때마다 나의 답변은 딱 한 가지다.

"잘 모르겠습니다. 죄송합니다."

5년이 된 지금도 나는 우리 동네의 학교 이름을 잘 모른다. 심지어 그 유명한 자갈치시장에도 한 번 가보지 못했다. 집과 도서관이 전부였기 때문이다.

그런데 나는
무엇을 하고 싶은 것인가

부산에 내려와서야 비로소 나는 처음으로 모든 것으로부터 벗어난 느낌을 받았다. 그렇지만 스스로를 향한 무거운 질문이 이어졌다.

'그런데 나는 무엇을 하고 싶은 것일까?'

갑자기 현기증이 났다. 직장생활이 너무 무미건조하여 아무런 흥분도, 감동도, 재미도 없었기 때문에 무작정 사표를 썼다. 이제 그런 직장과 완전한 결별을 선언하고 자유인이 되었다. 그런데 무엇을 위해 자유인이 되었던 것일까? 가장 시급한 일은 나 자신이 가장 하고 싶은 것이 무엇인지에 대한 답을 발견하는 것이었다.

퓰리처 상을 받은 언론인이자 저술가인 토머스 프리드먼(Thomas Fried-man)은 자신의 명저 《세계는 평평하다》란 책을 통해 21세기는 IT 혁명을 통해 하나가 되고, 경계가 사라지는 무한경쟁의 시대이기 때문에 평평해지는 세계의 경쟁에서 승리하기 위해서는 '대체 불가능한 사람'이 되어야 한다고 강조했다.

'지식은 평준화되었다. 평평한 세계에서 우리는 무엇을 해야 하는가?'란 질문을 던지는 이 책을 보면 '대체 불가능한 사람'으로 성장해야 하는 이유가 명백히 드러나 있다. 앞으로 우리가 살아가야 할 세상은 인류 역사상 그 어떤 시대보다 더 치열한 경쟁의 시대가 될 것이다. 웹 브라우저와 워크플로우 소프트웨어, 오픈소싱과 아웃소싱, 그리고 아웃쇼어링 등과 같은 세계화의 중요한 동력에 의해 점점 더 모든 이에게 기회가 주어지고 있기 때문이다. 프리드먼은 국가와 기업이 지난 시대의 변화와 성장의 동력이었다면, 이제는 개인이 변화와 성장의 동력이자 주체가 되는 시대라고 말한다.

"세계화 1.0 시대에 변화의 동력은 국가였고 2.0 시대에는 기업이었다면, 3.0 시대 변화의 주체이자 동력은 개인이다."

그런데 이런 소식이 좋은 것만은 아니다. 세상의 모든 일에는 동전의 양면처럼 상반되는 측면이 존재하기 때문이다. 누구에게나 기회가 평등하게 열린 시대를 바꾸어 말하면 무한경쟁의 시대가 된다. 세계가 점점 더 평평해질수록 우리는 지구 반대편의 누군가와 경쟁해야 한다.

토머스 프리드먼은 점점 더 많은 일자리가 아웃소싱되어 가는 세계화 3.0 시대에 개인은 이전과는 전혀 다른 삶의 방식을 추구해야 하고, 생각을 다르게 해야 한다고 조언한다. 과거 산업화 시대 혹은 2.0 시대에는 남들보다 더 잘하거나 더 빨리하거나 더 많이 할 수 있다면 생존할 수 있었다. 그러나 지금은 그런 사고방식으로는 절대로 살아남을 수 없다.

절대로 아웃소싱될 수 없고, 디지털화할 수 없고, 자동화할 수 없는 그런 '대체 불가능한 사람'이 되어야 한다고 그는 말한다.

대체 불가능한 사람이 되려면 어떻게 해야 할까? 나는 경험을 통해 자신이 하고 싶은 일을 찾아내는 것, 자신이 진정으로 원하는 것을 발견하는 것이 가장 유효한 방법이라는 사실을 알게 되었다. 자신이 하고 싶은 일을 찾아내지 못한 사람들은 능력의 유무, 타고난 재능과 지능, 탁월한 지식과 기술에 상관없이 평생 좌절과 방황 속에서 살아가게 될 가능성이 높다.

세계 최고의 리더십 전문가 존 맥스웰(John Maxwell)은《사람은 무엇으로 성장하는가》라는 책을 통해 토머스 프리드먼의 권고를 소개하면서 이런 질문에 답했다.

> 세계 여행, 대학원 진학, 취직, 생각할 여유 등 무엇을 계획하든 머리의 소리를 듣지 마라. 마음의 소리에 귀를 기울여라. 마음은 최고의 경력 상담가다. 자신이 정말로 사랑하는 일이 무엇인지 아직 정확히 모른다면 계속 탐색하라. 일단 그것을 찾으면 설령 자동화기기가 등장하더라도 아웃소싱이 밀고 들어와도 결코 무너지지 않을 무언가가 생긴다. 즉 당신이 방사선 전문의든 엔지니어든 교사든 당신은 결코 남이 대체할 수 없는 사람이 된다.
>
> _존 맥스웰,《사람은 무엇으로 성장하는가》

아무도 나를 모르는 곳을 선택해서 갔던 이유는 아무도 나를 모르는 곳이라야 나 자신을 발견할 기회가 더 많이 주어질 것이라고 생각했기 때문이다. 다시 말하자면, 이제까지 습관이 되어버린 머리의 소리를 듣는 것을 멈추고, 마음의 소리를 듣기 위해서였다.

자기 자신을 본격적으로 탐색하기 위해 나는 나 자신을 아무도 모르는 곳으로 보냈다. 그리고 자기 자신을 발견하기 위해 나는 아무도 나를 모르는 곳에다 나 자신을 격리시켰다. 그곳에서 나 자신이 누구인지 알기 위해, 자신이 진정으로 하고 싶은 일이 무엇인지 알기 위해 나 자신을 성찰하고 탐구하고 성장시켜야 했다.

나 자신이 누구이며, 어떤 것에 강점이 있는 사람인지, 무엇을 진정으로 원하는 사람인지 알기 위해서는 자기 자신에 대한 성찰과 탐구, 그리고 자기 자신의 성장이 필요하다. 그래서였을까. 나는 거의 본능적으로 수많은 책을 쉽게 읽을 수 있는 도서관에 가게 되었다.

자신에게 정말로 중요한 것이 무엇인지 안다는 것은 우리가 상상하는 이상으로 큰 힘을 가지고 있다. 그것은 누군가에게는 식지 않는 열정이 되어 나타나고, 누군가에게는 평생 도전해야 할 사명과 목적으로 나타나고, 누군가에게는 재능으로 나타난다. 《성공하는 사람들의 7가지 습관》으로 우리에게 잘 알려진 스티븐 코비 박사는 이런 말을 한 적이 있다.

자신에게 정말로 중요한 것이 무엇인지 알게 되면 인생이 완전히 바뀌고, 그 꿈을 항상 마음속에 간직할 경우 날마다 가장 중요한 존재로서 가장 중요한 것이 무엇인지 알고 살아가게 된다.

_존 맥스웰, 《사람은 무엇으로 성장하는가》(48쪽에서 재인용)

내가 부산으로 간 것은 바로 이 때문이었다. 나 자신에게 가장 중요한 것이 무엇인지 몰랐기 때문이다. 나 자신을 발견하기 위해 아무도 나를 알지 못하는 낯선 곳으로 갔던 것이다. 그리고 그곳에서 나는 내가 가장 하고 싶어 하는 것이 책을 읽고 공부하는 것이라는 사실을 몇 년이 흐른 후에 비로소 알게 되었다.

대도시를
월든 숲으로 만드는 법

대부분의 사람이 조용한 절망의 삶을 꾸려간다. 체념은 곧 절망으로 굳어진다. 우리는 절망의 도시에서 절망의 시골로 들어가 밍크와 사향쥐의 용기에서나 마음의 위안을 얻는 수밖에 없다. 진부하지만 무의식적인 절망이 인류의 오락거리와 유흥거리에도 감춰져 있다. 이런 기분풀이는 일한 후에나 가능하기 때문에 놀이하는 맛이 없다. 그러나 자포자기한 짓을 하지 않는 것이 지혜의 한 특징이다.

_헨리 데이비드 소로, 《월든》

19세기의 자유주의자 헨리 데이비드 소로(Henry David Thoreau)는 월든 호숫가 땅에 직접 오두막을 짓고 세상으로부터 떨어진 월든 숲에서 2년 2개월 2일을 보냈다. 이것을 흉내라도 내듯이 나는 한 대도시의 도서관을 월든 숲으로 만들어 내 인생에서 가장 눈부신 3년을 보냈다.

소로는 대부분의 사람이 조용한 절망의 삶을 꾸려나간다고 생각했다. 그래서 그는 절망의 도시에서 벗어나 시골로 들어가 마음의 위안을 얻을 수밖에 없다고 생각한 것 같다.

소로의 의견에 나는 어느 정도 수긍하는 편이다. 특히 그가 노동의 해악에 대해 말하는 부분에서는 박수까지 치며 동조한 것 또한 사실이다. 우리는 노동 덕분에 많은 것을 얻었지만, 또한 그 때문에 정작 가장 중요한 자기 자신에 대해서는 무지한 채로 살아가고 있는지도 모르기 때문이다.

상대적으로 자유로운 이 나라에서도 대부분의 사람이 순전한 무지와 착각으로 인한 부질없는 근심에 사로잡히고 쓸데없이 거친 노동에 시달리며 삶에서 한층 달콤한 열매를 따지 못하고 있다. 과도한 노동에 그들의 손가락이 투박하게 변하고 심하게 떨려 그런 열매를 따기에 적합하지 않은 것이다. 노동하는 사람이 본래의 진정한 모습을 매일 유지할 여유가 없는 것은 사실이다. (……) 자기가 알고 있는 것을 뻔질나게 사용해야 하는 노동자가 어떻게 자신의 무지함을 기억하겠는가? 자기가 무지하다는 걸 알아야 성장하는 법인데 우리는 그에 대해 판단하기에 앞서, 때때로 그에게 먹을 것과 입을 것을 무상으로 주고, 우리가 먹는 강장제로 그의 기운을 되찾게 해주어야 한다.

_헨리 데이비드 소로, 《월든》

우리는 소로의 말처럼, 우리가 무지하다는 것을 인정해야 성장할 수 있는 존재이다. 그 인정이 성장의 토대가 되기 때문이다.

내가 가장 무지했던 분야는 바로 나 자신이었고, 그것은 내가 무엇을 하고 싶은 것인가에 대한 무지였다고 할 수 있다. 그러한 무지에 대해 인식조차 하지 않았을 때는 절대로 성장의 기회를 만들 수 없었다.

직장을 다니는 11년 동안 나는 내가 무지하다는 것조차 인식하지 못했다. 그 결과 그 어떤 성장도, 그 어떤 발견도 하지 못한 채 그 긴 세월을 그저 살아왔던 것이다. 사표를 쓰고 나서 부산이라는 도시에 내려온 후에야 비로소 나는 대도시 부산을 월든 숲으로 삼아 3년이란 세월을 책을 읽으면서 나 자신을 발견하기 위해 탐구하고 성찰하고 사색하는 삶을 살 수 있게 되었다.

《단순하게 살아라》의 저자인 로타르 J. 자이베르트와 베르너 티키 퀴스텐마허는 '당신이 소중하게 생각하는 것들의 대부분은 쓰레기다'라는 가르침을 책을 통해 설파한다. 그래서 결론은 '단순하게 살아라'는 것이다.

'단순하게'라는 말을 들을 때 사람들은 고개를 끄덕이거나 미소를 짓는다. 복잡한 삶 속에서 많은 고통을 받아왔기 때문이다. 핸드폰을 샀을 때 딸려 오는 두툼한 사용안내서에서부터 이해와 예측이 어려운 주식시장에서 돈을 잃은 아픈 경험에 이르기까지 우리 삶의 복잡함과 거기에서 비롯되는 고통은 수없이 많다.

당신은 주변으로부터 '더 빨리, 더 많이'라는 무언의 압박을 받고 있다. 당신 입장에서 볼 때, 선택할 것이 너무 많은 상황은 당신을 해방시키는 것이 아니라 오히려 구속한다는 느낌이 들 것이다. 직장에서도 당신은 꾸준히 늘어나는 요구사항 때문에 시달림을 받고, 그것에 따르지 않으면 불이익을 받을 것이라는 유언무언의 위협을 받는다.

로타르 J. 자이베르트 · 베르너 티키 퀴스텐마허, 《단순하게 살아라》

소로가 월든 숲으로 간 까닭은 바로 이것 때문일 것이다. 세상은 항상 우리에게 '더 빨리, 더 많이, 더 높게'를 강요한다. 하지만 월든 숲은 그러한 것들을 강요하지 않을 뿐만 아니라 그 반대로 '더 천천히, 더 적게, 더 낮게'도 상관없다고 말한다.

'더 빨리, 더 많이, 더 복잡하게' 살수록 더 행복할 것이고, 더 성공할 것이라고 세상은 암시한다. 그런데 나는 그렇게 11년을, 아니 대학생활까지 합하면 20년을 살았지만, 더 행복하지 않았고 더 성공하지 않았다. 하지만 대도시를 월든 숲으로 삼아 '더 천천히, 더 적게, 더 단순하게' 살기 시작하자 더 행복해졌고, 더 성공한 삶을 살게 되었다.

대도시를 월든 숲으로 만드는 방법은 세상과 정신적·사회적으로 단절하고, 단순한 삶을 사는 것이었다. 나는 신문과 뉴스도 보지 않고, 심지어 친구나 지인들의 전화도 받지 않은 채 그렇게 능동적 고립 상태로 나의 환경을 만들었다.

11년 동안 직장생활을 하면서 하루에 해야 했던 일을 살펴보면 팀 회의에 참석하기, 수십 군데의 업체와 미팅하기, 전화하기, 출장 준비하기,

회로도 작성하기, 6시그마 프로젝트 하기, 영어회화 수업 듣기, 다음 프로젝트 상품 기획하기, 신입사원 교육하기, 화상통화 하기, 간부회의 참석하기, 각 부품별 업체와 협의하기 등등 하루에도 수십 가지의 일이 있었다.

하지만 도서관에서의 3년 동안 나는 하루에 딱 한 가지, 즉 책읽기만 하면 되었다. 내 인생에 엄청난 변화는 바로 이러한 '단순함'에서 비롯되었다. 이런 단순한 생활이 내게 선물해준 것은 무척이나 많다. 그중 하나가 '엄청난 집중력과 에너지'이다. 다른 복잡하고 부산한 것들에 에너지와 시간과 신경을 뺏기지 않게 되자, 오롯이 한 가지에만 모든 에너지와 시간과 신경을 쏟아부을 수 있게 되었다.

돋보기로 햇빛을 한 점에 모으면 종이를 태울 수 있고, 불도 지필 수 있다. 한 방울의 물이라도 끊임없이 한 곳에 계속 떨어지면 바위도 뚫을 수 있다. 바로 집중의 이치 때문이다. 이런 이유에서 '단순함은 최고가 되는 방법'이다. 누구나 단순한 삶을 살면 상상도 하지 못할 정도로 자신을 최고의 존재로 만들 수 있다. 나는 이러한 사실을 몸소 체험한 사람 중 하나이다.

나는 도서관에서
기적을 만났다

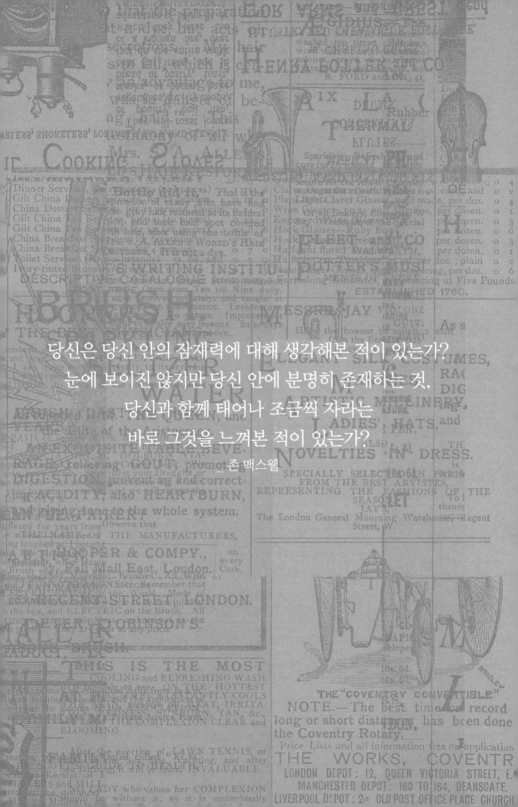

당신은 당신 안의 잠재력에 대해 생각해본 적이 있는가?
눈에 보이진 않지만 당신 안에 분명히 존재하는 것,
당신과 함께 태어나 조금씩 자라는
바로 그것을 느껴본 적이 있는가?

_존 맥스웰

도서관에서 1000일 동안

"서당 개 3년이면 풍월을 읊는다." 아무리 하찮은 존재라도 1000일 동안 무엇인가를 하면, 그리고 매일 자주 접하면 자신의 능력이나 환경을 뛰어넘어 그 일을 잘해낼 수 있다.

이와 맥락은 다르지만 비슷한 뜻을 지닌 고사가 있다. 1000일 동안 무엇인가를 집중해서 하면 1000일 후에는 질적으로 완전히 달라진다는 뜻을 담고 있다. 중국 남송 때의 나대경(羅大經)이 지은 수필집《학림옥로(鶴林玉露)》의 세상 이치에 대해 깨닫게 해주는 이야기 속에 그 고사가 나온다.

장괴애(張乖崖)라는 사람이 숭양현의 현령을 지낼 때의 일이었다. 창고지기가 엽전 하나를 훔쳐 나오다 발각되었다. 장괴애는 그 하급관리에게 장형을 내렸다. 하지만 창고지기는 그 처분에 불복했다. 겨우 엽전 한 푼을 가지고 나온 것에 비해 처벌이 너무 과하다는 것이었다. 이때 장괴애는 다음과 같이 말하면서 그를 처벌했다.

"비록 하루에 돈 한 푼일지라도 1000일이 되면 1000푼이 된다. 이는 마치 노끈으로도 오래 마찰(摩擦)하면 나무를 벨 수 있는 것과 같고, 물방울이 돌 위에 계속 떨어져 마침내 돌을 뚫는 것과 같은 이치다(一日一錢, 千日一千, 繩鋸木斷, 水滴石穿)."

이처럼 비록 적은 돈 한 푼이더라도 1000일 동안 하나씩 모으면 1000푼이 된다. 책을 한두 권 읽었다고 인생이 바뀌지는 않는다. 하지만 운명적인 한 권의 책 때문에 인생이 바뀌었다고 말하는 이들도 많다. 이것은 그 책을 읽기 전에 읽었던 많은 책이 조금씩 축적되었다는 사실을 인식하지 않고 마지막 한 권의 책의 효과만 생각했기 때문이다.

어떤 경우에서든 뿌리가 튼튼하게 내리지 못한 나무는 폭풍이 불 때 뿌리째 뽑혀 쓰러진다. 한두 권의 책을 읽은 사람과 수천 권의 책을 읽은 사람도 이와 마찬가지다. 뿌리가 얕은 나무와 뿌리를 깊이 내린 나무만큼의 차이가 난다.

한두 달 동안 책을 집중적으로 읽은 사람도 인생을 바꿀 수 있다고 말하기에는 확신이 부족하다. 그러나 1000일 동안 쉼 없이 꾸준히 책을 읽은 사람은 반드시 인생이 바뀐다고 자신 있게 말할 수 있다. 1000일 동안 그 무엇을 하더라도 그것에 집중하여 혼신을 다하는 사람은 반드시 큰 도약과 발전이 있다는 이치를 믿기 때문이다.

세계적인 경영 구루(guru)인 말콤 글래드웰(Malcolm Gladwell)은《아웃라이어》에서 '1만 시간의 법칙'에 대해 설명하고 있다. 그가 주장하는

1만 시간의 법칙은 스포츠 선수든 작가든 작곡가든 피아니스트든 무엇을 하더라도 그 분야에서 탁월해지고 두각을 나타내기 위해서는 최소한 하루 3시간 정도 10년을 연습하고 훈련해야 한다는 것이다.

한국인은 정말 근면하고 성실하다. 하루 3시간씩 10년을 하루 10시간씩 3년으로 바꿀 수 있다. 그러면 1만 시간이다. 나 역시 하루에 10시간 이상 보통은 15시간 정도를 도서관에서 책을 읽었다. 시간만 놓고 보자면 나도 말콤 글래드웰이 말하는 1만 시간의 법칙에 정확히 맞아떨어지는 경우이다. 그렇다고 내가 세계적인 수준이 되었다는 말은 절대 아니다.

물론 나는 이제 겨우 글을 쓰면서 먹고살 만한 수준이 되었음을 인정한다. 세계적인 수준의 작가로 도약하기 위해서는 최소한 10년 이상을 하루에 10시간 정도 글을 쓰는 훈련과 연습량이 절대적으로 필요하다는 사실을 잘 알고 있다.

> 복잡한 업무를 수행하는 데 필요한 탁월성을 얻으려면 최소한의 연습량을 확보하는 것이 결정적이라는 사실은 수많은 연구를 통해 거듭 확인되고 있다. 사실 연구자들은 진정한 전문가가 되기 위해 필요한 '매직넘버'에 수긍하고 있다. 그것은 바로 1만 시간이다. 신경과학자인 다니엘 레비틴(Daniel Levitin)은 어느 분야에서든 세계 수준의 전문가, 마스터가 되려면 1만 시간의 연습이 필요하다는 연구 결과를 내놓았다.
>
> 작곡가, 야구 선수, 소설가, 스케이트 선수, 피아니스트, 체스 선수, 숙달된 범죄자, 그 밖에 어떤 분야에서든 연구를 거듭하면 할수록 이 수치를

확인할 수 있다. 1만 시간은 대략 하루 세 시간. 일주일에 20시간씩 10년 간 연습한 것과 같다. 물론 이 수치는 '왜 어떤 사람은 연습을 통해 남보 다 더 많은 것을 얻어내는가'에 대해서는 아무것도 설명해주지 못한다. 그러나 어느 분야에서든 이보다 적은 시간을 연습해 세계 수준의 전문가 가 탄생한 경우를 발견하지는 못했다. 어쩌면 두뇌는 진정한 숙련자의 경 지에 접어들기까지 그 정도의 시간을 요구하는지도 모른다.

_말콤 글래드웰, 《아웃라이어》

다시 말해 1만 시간의 법칙은 결국 하루에 10시간 동안 무엇을 한다면 1000일 동안 하는 것을 말한다. 그래서 '1000일의 법칙'이라고 말해도 될 것 같다. 하루에 세 시간일 경우에는 10년 동안 무엇인가를 하는 것을 말 하기 때문에 글래드웰이 '10년 법칙'이라고 불렀던 것이다.

이렇게 무엇인가를 1000일 동안 10시간씩 할 만큼 집중해서 하면 평 범했던 사람이 비범한 천재로 도약할 수 있다. 이것을 보여주는 대표적인 사례가 비틀스라 할 수 있다.

히스이 고타로가 쓴 《마음이 꺾일 때 나를 구한 한마디》라는 책을 보면 비틀스가 비틀스로 성장할 수 있었던 이유가 나온다. 평범한 사람들이 하 루에 서너 시간 연주할 때 비틀스는 악조건 속에서 하루 12시간을 연주 했다고 한다.

나쁜 환경 속에서 매일 12시간씩 5개월을 연주하는 일은 보통 환경에 서 보통의 시간으로 10년간 노력하는 것과 크게 다르지 않은 것 같다. 중요한 것은 물리적인 시간보다는 얼마나 많은 노력과 연습, 혼신을 쏟아부었느냐가 아닐까?

1960년 12월 27일.

비틀스의 전환점이라고 일컬어지는 날이다. 리버풀 북쪽 리더랜드 타운홀에 선 비틀스, 폴 매카트니가 〈롱 톨 샐리〉를 노래하자 커다란 환호가 일면서 관객들이 모두 일어섰다. 관객들이 찢어질 듯한 비명을 지르며 무대로 밀려들기 시작했다. 대체 어떻게 된 일이었을까? 밑바닥 생활을 경험했던 함부르크에서의 5개월 동안 고된 연주생활을 하면서 그들의 음악이 극적으로 진화했던 것이다. 존 레논은 이렇게 회상했다.

> 비틀스가 비틀스로 성장한 것은 리버풀에서가 아니라 함부르크에서였다. 함부르크에서 우리는 진정한 록밴드로 성장했다. 내리 12시간을 연주하면서, 말도 통하지 않고 심지어 음악 따윈 안중에도 없는 인간들에게 어떻게 맞추어야 하는지를 우리는 배웠다. 힘든 밤이었다. 그렇게 혹독한 지옥 같은 생활, 아니 그보다 더 못한 날들 속에서 우리는 가장 중요한 것을 우리 것으로 만들었다.
>
> _히스이 고타로, 《마음이 꺾일 때 나를 구한 한마디》(23~24쪽에서 재인용)

되돌아보면 도서관에서의 1000일은 내 인생 최고의 순간이었다. 비록 세상의 스포트라이트는 없었지만, 월급과 칭찬과 인정은 없었지만 깊은 사색과 고독과 폭넓은 독서와 탐구는 이 세상의 그 어떤 것들보다 더 큰 희열을 느끼게 해주었다.

1000일 동안 도서관에 출퇴근을 하는 사람이 가진 도서관 이야기가 그 얼마나 무궁무진하며 다양할지 아는 사람은 많지 않을 것이다. 1000일 동안 직장에 출퇴근하는 것보다 몇 배는 더 다양한 사람들을 경험할 수 있고, 다양한 스토리를 가질 수 있다.

하루도 빠지지 않고 아침 9시부터 오후 5시까지 하루 8시간을 공부하시는 칠순 할머니 등 수많은 이야기들이 도서관 안에서 펼쳐졌다. 이들 이야기만으로도 한 권의 책을 쓸 수 있을 정도이다. 1000일간 도서관 생활을 하면서 공부에 목숨을 건 중년들을 많이 만났다. 어떤 이들은 퇴근 후 날마다 빠지지 않고 도서관에 와서 공부하고, 어떤 이들은 주말이면 어김없이 도서관에 와서 주말 이틀을 꼬박 공부한다. 이렇게 지독하게 공부하는 사람 중에서도 나는 별종이었던 것 같다.

나는 회사의 승진 시험을 위해 공부했던 것도 아니고, 인생의 더 큰 도약을 위해 목숨을 걸고 공부했던 것도 아니다. 또한 작가가 되기 위해 수천 권의 책을 읽은 것도 아니다. 나는 그저 바쁘게 살아왔던 시간들과 결별하고 나만의 시간을 갖기 위해 도서관을 선택했고, 그곳에서 가장 게으른 시간을 보냈다.

그런 점에서 도서관에서 1000일 동안의 삶은 내 인생에서 시간이 멈춘 것 같은 시기였다고 표현할 수 있다. 마치 3년 동안의 긴 잠을 자고 다시 깨어난 듯한 기분을 누가 짐작할 수 있을까? 이런 기분을 조금이라도 공감할 수 있는 사람은 며칠을 꼬박 잔 후 깨어나 다시 일상으로 돌아가본

이들일 것이다. 또한 친구와 세상은 바쁘게 자기 인생을 꾸려가기 위해 열심히 돌아가는데 자신은 중병에 걸려 골방에 누워 그것을 눈으로만 보고 있는 사람의 처지와도 비슷할 것이다.

그렇게 시간이 멈춘 듯 최고의 게으름을 피우며 나는 책과 친구가 되었고, 천천히 단순하게 살아가는 삶을 선택했다.

"위대한 영혼을 가진 이는 욕망을 채우려는 세속적인 일들로 경쟁하지 않는다. 그는 게으름을 피우며 천천히 움직인다."

아리스토텔레스의 이 말처럼 나는 세상의 것들, 말하자면 인맥 관리, 연봉, 직장, 경력 관리, 부, 명예, 권력 등을 얻기 위해 도서관에 간 것이 아니다. 정반대로 이러한 것들을 다 버리기 위해, 뼛속까지 다 버리기 위해 세상과 단절하는 방법으로 도서관을 선택했다.

그런 점에서 나의 인생을 바꾼 3년, 그 1000일 동안의 도서관 생활은 내 인생에서 가장 게으르고 정적인 시기였던 것 같다. 하루 10시간에서 15시간을 도서관의 딱딱한 의자에 앉아 책을 읽는 것이야말로 가장 정적인 삶이 아니겠는가.

내 인생에서 새로운 누군가 혹은 기존의 누군가를 가장 적게 만났던 3년, 가장 적게 이동한 3년, 가장 단순하게 살았던 3년, 가장 많은 시간을 책과 함께 보냈던 3년이 바로 도서관에서의 1000일이었다.

도서관에서 가장 위대한 게으름을 성취한 나는 인생의 승리자이며 성공자였다. 나는 엄청난 성공을 해야 그러한 게으름이 가능하다고 믿었다. 그러나 나는 모든 것을 포기하고 욕심을 버리고 결단하고 행동함으로

써 엄청난 성공이란 도구도 없이 곧바로 '위대한 게으름'의 삶을 살 수 있었다.

대학을 다니면서, 직장을 다니면서 내가 배운 것은 남들보다 더 빨리 달려가는 것이었다. 하지만 도서관에서의 1000일 동안 내가 배운 것은 시간에 쫓기지 않고 느리게 사는 것이었다. 그리고 그 과정에서 나는 알게 되었다. '최고의 게으름'은 그 어떤 노력보다 더 훌륭한 것들을 자신의 인생에 선물로 제공해준다는 것을 말이다. 진정으로 부유해진다는 것이 어떤 의미인지를 깨달은 유일한 시기는 바쁘게 열심히 살아가던 때가 아니라 게으름을 피우고 느리게 살아갈 때였다.

게으름에 대해 예찬을 한 책들이 적지 않은 이유는 그들 역시 게으름에 대해 탁월한 견해를 가지고 있기 때문이 아닐까? 그런 책들과 그런 문구들 중 하나를 소개하고 싶다.

성공한 삶이란, 얼마나 성취했느냐를 이야기하는 것만은 아닐 것이다. 일하고 애쓰는 데 너무 많은 시간을 쏟는다면 우리는 문화적으로 굶주리게 되고 영혼이 가난해진다. 우리는 여가생활을 어떻게 아름답게 가꿀지, 그것을 이용해서 어떻게 더 우아하고 지적인 휴식을 누릴 수 있을지를 궁리해야 한다.

게으름의 시절을 거치지 않고서는 진정 풍요로운 삶이 완성되지 않는다. 게으름은 고상하게 시간을 보내는 좋은 방법이 되어주기도 한다. 문화라는 것 자체가 남는 시간을 보내기 위해 생겨났다는 점을 기억하기 바란다. 게으름은 우리를 명상하게 하고, 창조력을 꽃피우고, 발명에 불을 붙인다. 그 게으름의 에너지들이 녹아서 문학이 되고, 시가 되며, 음악, 철학 그리고 예술이 된다.

게으를 수 있다는 것은 우리가 자유로운 인간의 신분이라는 것의 증거이다. 그것은 자유의 표상이다. 진정한 게으름은 아무것도 안 하는 것이 아니라 무엇이든 원하는 것을 할 수 있는 자유를 의미한다.

_알렉산더 그린, 《삶에서 무엇이 가장 중요한가》

진정한 게으름은 아무것도 안 하는 것이 아니라 무엇이든 원하는 것을 할 수 있는 자유를 의미한다는 알렉산더 그린(Alexander Green)의 말처럼, 나는 내가 원하는 것을 마음껏 뼛속까지 하고 또 했다. 그것이 바로 책을 읽는 것이었다.

한마디로 3년 동안의 도서관 생활은 책만 읽는 생활이었다. 외형상 타인의 눈에 보이는 그대로가 사실이었다. 직장도 다니지 않고 친구도 만나지 않고, 심지어 뉴스나 신문도 보지 않고 완전한 고립체가 되어 책만 읽는 생활이었던 것이다.

하지만 나는 도서관이 좋았다. 인류의 모든 지성이 살아 숨 쉬며 질서정연하게 정리되어 있는 공간을 거닐 때면 책 냄새가 나를 가슴 뛰게 했다. 마치 엄청난 놀이터를 발견하여 그 놀이터를 탐색하듯 뛰어다니는 어린아이 같았다. 나는 서가를 빼곡히 채우고 있는 책들의 숲이 펼쳐진 그 공간에만 들어서면 어린아이가 되어버렸다.

그 공간에 들어설 때는 어린아이지만 나올 때는 성숙한 어른이 되는 그곳에서 나는 책과 함께 숨 쉬고, 책과 함께 이야기하고, 책과 함께 노래하고, 책과 함께 춤추었다. 그렇게 세상에 살면서도 세상이 아닌 장소에서 세상을 바라볼 수 있는 힘을 기르게 되었다.

도서관에만 들어서면 무서울 게 없었다. 그 어떤 세상의 근심과 걱정과 두려움과 슬픔도 그곳에 들어올 수 없었다. 수많은 책들이 가진 위력과 에너지가 세상의 잡동사니와 온갖 생각의 찌꺼기들을 내 안에서 쫓아내버렸다. 그리고 그 빈 곳에 인류의 위대한 사상과 철학과 문학과 과학과 인문학이 들어왔다.

책의 힘, 독서의 힘,
그것은 마법이었다

나는 적어도 책 한 권에 인생이 변했노라고 말하는 비열한 인간이 되기
싫었던 것이다.

_이응준,《어둠의 뿌리는 무럭무럭 자라나 하늘로 간다》

한 권의 책으로 인생이 변하지는 않는다. 하지만 수백 권이 되고 수천
권이 되면 인생은 반드시 변한다. 책의 힘, 독서의 힘, 그것은 마법이기
때문이다.

"단 한 권의 책밖에 읽지 않은 사람을 경계하라!"

영국의 정치가 벤저민 디즈레일리의 이 말은 책을 읽는다는 것이 얼마
나 중요한지를 역설적으로 깨닫게 해준다.

책이 인생을 바꾸는 마법의 도구인 이유는 책 읽는 것만큼 인생을 바

꿀 수 있는 힘을 가진 게 별로 없기 때문이다.

내가 경험하기로는 아무리 열심히 일한다 해도 인생이 완전하게 뒤바뀌지는 않았다. 약간 더 열심히 일하고, 약간 더 노력하는 것으로는 인생이 바뀌지 않을 뿐만 아니라 갈수록 인생이 버거워지는 느낌을 받을 뿐이었다.

하지만 책을 읽기 시작하자, 그래서 내 안의 생각과 의식이 바뀌기 시작하자 인생이 바뀌는 것은 시간문제에 불과하다는 사실을 깨달았다.

"당나귀는 여행에서 돌아와도 여전히 당나귀일 뿐 말이 될 수 없지만, 인간은 독서를 통해 무엇이든 될 수 있다."

나는 최소한 이렇게 생각한다. 쥐가 아무리 열심히 달려서 1등을 한다고 해도 그것으로는 개 혹은 다른 동물이 될 수 없다. 열심히 일한다는 것은 어쩌면 쥐들의 경주와 다르지 않다. 아무리 열심히 일해도 나는 여전히 과거의 나다. 하지만 책을 읽는 것은 열심히 일하거나 최선을 다해 하루하루 살아가는 것과는 차원이 다른 행위이다.

책은 나에게 이전의 내가 아닌 새로운 나를 데려와 만나게 해준다. 마법과 같은 이런 일은 인간만이 할 수 있는 숭고한 행위다. 열심히 일해서 돈을 많이 번 사람은 있지만, 의식과 사고가 급격하게 바뀐 사람은 드물다. 하지만 책을 통해 자신의 내면이 급격하게 도약하고 성장한 사람들은 매우 많다.

물론 안철수 의원은 그때그때 열심히 하고 무엇을 하든 최선을 다하는 태도가 매우 중요하다고 자신의 책에서 말한 적이 있다.

언젠가 '열심히 사는 것의 의미'에 대해서 강연을 한 적이 있다. 지금의 상황에서 보면 그 내용은 쓸모없는 것이 되었지만, 치열하게 살았던 의과대학 시절의 삶의 태도가 지금도 내 핏속에 흐르고 있고 현재의 삶을 살아가는 데도 중요한 역할을 하고 있다. 따라서 지금 내가 하고 있는 일이 나중에 어떻게 쓰일 것인지가 중요한 것이 아니라, 지금 내가 맡은 일을 어떠한 태도로 하고 있는지가 더 중요하다. 지식은 사라지지만 삶의 태도는 변하지 않기 때문이다.

_안철수, 《CEO 안철수, 지금 우리에게 필요한 것은》

하지만 나는 약간 다르게 생각한다. 무조건 열심히 하고 무엇을 하더라도 최선을 다하며 자신이 맡은 일에 대해서는 끝까지 책임지는 자세는 분명히 필요하지만, 그것만 가지고 있다고 해서 인생을 잘 살아갈 수는 없다고 생각하기 때문이다.

안철수 의원의 경우 의대 교수로서, 의사로서 평생 열심히 살아가는 자세만 고수하고 그렇게 살아갔다면 지금처럼 좀 더 큰 세상에서 좀 더 큰일을 하면서 살 수는 없었을 것이다.

무엇보다 그가 CEO를 하면서도 공부의 끈을 놓지 않고 꾸준히 강도 높게 공부를 하고 책을 읽어왔기 때문에 지금의 그가 존재할 수 있는 것이다. 자세나 정성만으로는 정상까지 올라갈 수 없다. 자세나 정성이 있어야 출발할 수 있고 시작할 수 있는 것은 사실이지만, 그것만으로는 뭔가를 이루고 어딘가에 도착할 수 없다.

정성이나 자세만으로 모든 것이 잘될 것이라고 생각하지 마라. 마지막 1퍼센트의 정성을 다한다 해도, 어떤 상황에서도 긍정적이고 도전적이고 책임감 있고 성실한 자세를 가질 수 있다고 해도 그것만으로는 금메달을 딸 수 없고, 노벨상을 수상할 수도 없으며, 최고의 인생을 살아가지도 못한다.

금메달을 따거나 노벨상을 수상하거나 최고의 인생을 살아가기 위해 필요한 것은 지식이나 능력이 아니라 사람 그 자체의 의식 변화이다. 낮은 수준의 의식으로는 그 어떤 일도 해낼 수 없다. 그러나 지식이나 능력이 조금 부족해도 높은 수준의 의식이 있는 사람은 지식이나 능력이 뛰어난 사람보다 더 좋은 성과를 창출해낼 수 있다고 믿기 때문이다.

3년 동안 9000권의 책을 읽으면 능력이나 지식이 향상되는 것이 아니라 의식이 달라진다. 그리고 그렇게 달라진 의식은 인간 그 자체가 달라졌다는 것을 의미한다. 그리고 그것은 이전과는 전혀 다른 인생을 살아가게 된다는 것을 의미한다.

책을 읽으면 왜 인생이 바뀌고 전혀 다른 사람이 될 수 있을까? 책이야말로 내면으로부터 근본적인 변화를 이끌어내기 때문이다. 그런 점에서 책은 우리에게 여행을 다니는 것과 같은 영향을 준다. 하지만 여행은 시간과 공간에 제약을 받는다. 물질적인 측면, 사회적인 측면에서도 제약을 받는다. 《삶에서 무엇이 가장 중요한가》라는 책을 보면 여행은 마음의 용적을 넓힌다고 표현되어 있다.

여행은 마음의 용적을 넓힌다. 더 너그러운 마음을 갖게 하며 우리를 다른 인류와 결속시킨다. 그리고 타인을 더 많이 이해할수록 우리 스스로를 그만큼 더 이해하게 된다. 어디를 가든 우리는 갖가지 사람들과 뜻하지 않은 상황들을 맞닥뜨리게 된다. 더군다나 세상을 넓게 여행하다 보면 이국적인 음식들을 즐길 수도 있고, 독특한 건축물들과 입이 떡 벌어지는 풍경 앞에 넋을 잃을 수도 있다.

세상을 탐험하는 것은 벽 없는 교실에 들어서는 것과 같다. 그 수업을 듣고 나서 당신의 삶은 풍요로워지고 내면으로부터 변화한다. 수업의 준비물은 참을성과 호기심, 그리고 얼마간의 돈이다. (여행수칙: 옷은 생각하는 것의 절반만, 돈은 예상보다 두 배로 챙길 것.)

_알렉산더 그린, 《삶에서 무엇이 가장 중요한가》

세상을 탐험하고 여행하는 것은 벽 없는 교실에서 인생 수업을 받는 것과 같다. 그렇기 때문에 여행을 한 후에는 삶이 더 풍요로워지고 내면으로부터 큰 변화와 성장을 경험할 수 있다. 하지만 여행에는 많은 돈과 시간이 필요하고 여행 기간만큼 사회적 활동을 포기해야 한다.

그런 점에서 3년, 5년, 10년을 계속할 수 없다. 오래 할 수 없고 많이 할 수 없다. 하지만 독서는 평생 할 수 있고, 매일 할 수 있고, 어디서든 할 수 있다. 3년, 5년, 10년을 쭉 할 수 있다. 더욱이 많은 돈이 들지도 않는다. 국립도서관에서 책을 빌려 보거나 그곳에서 책을 읽는 사람들은 사실상 한 푼의 돈도 쓰지 않는다.

책은 시간과 공간을 초월할 수 있다. 경제적·사회적으로 여유가 없는 사람들도 충분히 책을 읽을 수 있고, 그것을 통해 인생을 바꿀 수 있다. 그런 점에서 책은 한마디로 마법과 같은 것이다.

가진 것도, 이룬 것도, 내세울 것도 전혀 없었던 나에게 책은 가진 자들이나 무엇인가를 이루고 내세울 것이 많은 이들과 경쟁에서 이길 수 있게 해주는 유일한 무기였다. 무에서 유를 창출해내는 창조의 도구였고, 무능을 유능으로 바꾸고 평범한 사람을 비범한 의식을 가진 사람으로 탈바꿈시키는 마법 상자였다. 그야말로 인생을 송두리째 바꿔버리는 기적의 공간이었다. 수많은 책들이 살아 숨 쉬고 있는 부산의 국립도서관은 마법사들을 양성하는 마법 학교였다. 최소한 나에게는 그랬다.

물론 내가 누군가와 경쟁을 하기 위해서 책을 읽은 것은 아니다. 다만 책을 읽으면 어떤 경쟁을 하더라도 이겨낼 힘을 얻게 된다는 것, 즉 책의 위력에 대해 말한 것이지, 이 말이 경쟁에서 이기고 싶다면 책을 읽어야 한다는 것은 아니다.

나는 이런 말이 위험하기 그지없다고 생각한다.

"성공하기 위해 책을 읽어야 한다."

"경쟁에서 이기기 위해 책을 읽어야 한다."

"남에게 뒤처지지 않기 위해서 책을 읽어야 한다."

이 책에는 이런 메시지가 전혀 없다. 오히려 제발 이런 말들을 하지 말아 달라고 이 책을 썼다. 나는 "성공하기 위해 책을 읽어야 한다"고 말하는 이를 미워하지 않는다. 그와 나는 생각이 서로 다를 뿐이다. 나와 다르다고 해서 그를 틀렸다고는 말할 수 없지 않은가. 최소한 나는 그 다름을 존중한다.

책을 많이 읽으면 그 어떤 경쟁이나 상황에서도 승리할 수 있고, 문제를 잘 해결할 수 있다는 말은 경쟁을 잘하기 위해서, 문제를 잘 해결하는 해결사가 되기 위해서 책을 읽어야 한다는 것과는 다른 의미이다.

성공하기 위해 책을 읽어서 성공한 사람들이 훨씬 더 많고, 그렇게 해서 성공한 이들은 책을 읽지 않아서 성공하지 못한 사람들보다 훨씬 더 나은 인생을 살아간다. 하지만 나는 그렇게 책을 통해 성공한 사람들보다 순수하게 책을 읽고 살아간 사람들을 더 좋아한다. 나 자체가 어떤 의도나 목적 없이 책을 좋아하는 사람이기 때문에 나와 비슷한 사람을 조금 더 좋아할 뿐이다.

순수하게 책을 읽은 결과 세상을 살아나가는 데 필요한 경제적인 문제를 해결할 수 있다는 것은 이 시대가 책을 좋아하는 사람들에게 허락해준 또 하나의 선물이라고 생각한다. 조선 시대 선비 중 얼마나 많은 이들이 책을 좋아한다는 이유만으로 평생 거친 음식을 먹으며 힘겨운 삶을 살았던가?

책과 공부의 위력에 관해 이야기하는 것의 핵심을 오해하지 않았으면 좋겠다. 나는 성공하기 위해 책을 읽으며 공부하자고 주장하지 않는다. 내가 주목한 것은 책과 공부의 위력 그 자체이다. 이 때문에 성공할 수 없는 사람이 책과 공부를 통해 성공할 수 있다는 것이다.

미국의 가장 위대한 시인 중 한 명으로 평가받는 에밀리 디킨슨(Emily

Dickinson)은 매우 신비스러운 작가이다. 그녀는 흰 옷을 즐겨 입고, 집 밖을 거의 나가지 않는 은둔생활로 유명한 시인이었다. 놀라운 사실은 그녀가 1775편의 시를 창작했는데도 그것의 1퍼센트도 안 되는 10편 정도의 시만 생전에 발표했다는 것이다. 그녀가 저세상으로 간 후 그녀의 잠긴 화장대 안에서 발견된 1775편의 시는 그녀가 위대하고 혁신적인 시인으로 이름을 남기기에 충분했다. 그녀의 시 중 하나가 책에 대한 내용을 담고 있다.

책만 한 프리깃 범선은 없지요!

에밀리 디킨슨

우리를 머나먼 곳까지 데려다주는
책만 한 프리깃(소형 구축함) 범선은 없지요.

도약하는 시의 페이지처럼
날쌔게 달리는 사냥개도 없지요.
아무리 가난한 이라도 통행료의 부담 없이
이 여행을 할 수 있지요.

인간의 영혼을 싣고 달리는 마차는
이 얼마나 소박한가요!

이 시를 보면 책이 우리에게 얼마나 중요한 것인지를 쉽게 깨달을 수 있다. 책만큼 우리를 머나먼 곳까지, 높은 곳까지 갈 수 있게 해주는 그 무엇은 없다. 책만큼 아무리 가난한 이라도 어디든지 마음껏 여행할 수 있게 해주는 것도 없다. 그런 점에서 책은 인간에게 가장 유익하고 좋은 그 무엇이다.

나는 책의 힘을 독서의 힘과 동일시할 뿐만 아니라 공부의 힘과도 동일시한다. 독서를 통해 자신을 성장시키는 것이 참된 공부이기 때문이다. 그래서 내가 '진짜 공부를 통해 미래를 준비하라'는 타이틀로 강연할 때 주제는 바로 독서이다. 즉 공부와 독서는 다른 것이 아니다. 하지만 내가 이야기하는 공부는 학교 공부, 시험 공부, 스펙 공부, 승진 공부, 어학 공부, 자격증 공부가 아니다. 내가 이야기하는 공부는 오롯이 책을 통한 공부이다.

그리고 나처럼 공부의 중요성에 대해 오래전부터 강조해오고 있는 유명한 정신과 전문의가 있다. 바로 이시형 박사이다.

모든 것이 흔들리는 불확실하고 불안한 시대, 무엇을 할 것인가? 사회가 필요로 하는 인재는 문제의 핵심을 꿰뚫어 보고 해결책을 찾아내는 사람이다. 오직 끝없이 배우는 사람만이 새로운 세상에서 살아남을 수 있다. 당신의 미래는 오늘 무엇을 공부하느냐에 따라 달라진다. 즐겁게, 그러나 독하게 '공부하는 독종'들만이 내일 웃을 수 있는 힘을 갖게 된다.

_ 이시형, 《공부하는 독종이 살아남는다》

이시형 박사는 한마디로 공부는 평생 해야 하는 것이라고 강조한다. 그리고 지금처럼 모든 것이 흔들리고 불확실한 시대에는 더더욱 반드시 해야만 하는 것이 공부라고 말한다. 다시 말해 어떤 시대가 온다 해도 살아남고 성공하는 사람은 공부를 하는 사람이며, 그것도 지독하게 공부를 하는 사람이라는 것이다.

우리 조상들은 공부하는 것과 사람이 되어간다는 것을 동일선상에 놓고 공부를 했다. 삶과 앎이 전혀 다른 별개의 문제가 아니라는 것이다. 나는 이러한 말을 좋아한다. 아니, 신봉하는 신자 수준이다. 이시형 박사는 공부의 유익함에 대해 신경정신과 의사의 수준을 넘어 너무나 분명하고 실속 있게 설명했다. 나는 그의 설명에 깊이 빠져들지 않을 수 없었다. 독자들도 한번 그 설득력에 빠져들기를 바란다.

공부가 싫든 좋든, 쉽든 어렵든, 아무리 생각해도 공부만큼 확실하고 안전한 투자는 없다. 공부만큼 쉬운 일도 없다는 결론이 나옴직도 하다.

공부는 일단 해두기만 하면 그 결과가 없어지거나 사라지지 않는 확실한 자산이 된다. 당장 자기가 하는 일에 확실한 도움을 주며, 미래에도 지속적으로 가치를 창출해낸다.

모든 투자에는 어느 정도의 위험이 따르게 마련이지만 공부만큼은 위험도 없다. 자산 투자에는 '고위험 고수익(High Risk, High Return) 원칙'이 있다. 그러나 공부에 관한 한 '저위험 고수익(Low Risk, High Return) 원칙'이다. 손해도 없을뿐더러 일단 투자해두면 불어나는 법은 있어도 줄어

드는 법은 없다.

공부가 얼마나 효율적인 투자인지는 최근 발달한 뇌과학이 증명한다. 공부를 할수록 우리의 뇌는 활성화된다. 해마의 신경세포가 증식되기 때문이다. 새로운 신경세포는 노화를 방지하고, 젊음과 건강을 유지하게 된다. 공부를 하면 창의력이 함양된다. 이건 상식이다. 그리고 일을 보다 성공적으로 수행할 수 있다. 공부를 하면 주의 집중력, 기억력, 이해력이 좋아져서 궁극적으로는 업무 능률도 향상된다. 그리고 목적 달성에 따르는 성취감, 자부심, 긍지도 함께 온다. 열심히 공부해서 자격증을 취득하면 전천후 요격기가 되어 제2, 제3의 인생을 살 수 있다는 자신감도 생긴다. 공부는 성공을 낳고, 성공은 성취감과 자신감을 거쳐 행복으로 이어진다. 행복은 우리 삶에 생기와 의욕을 불어넣는다. 공부는 돈보다 값진 희망과 행복을 만든다. 공부는 돈 그 이상이다.

_이시형, 《공부하는 독종이 살아남는다》

이시형 박사의 말 중에서도 공부는 돈보다 값진 희망과 행복을 만들기 때문에 돈 이상이라고 말하는 대목에서 나는 무릎을 칠 수밖에 없었다. 내가 만약 눈앞에 보이는 돈을 좇아 3년 동안 돈벌이를 하면서 지냈다면 비록 작지만 지금 같은 성취나 성공을 맛보지 못했을 것이다. 3년 동안 책을 읽으며 느낀 행복감은 돈과 비교할 수 없는 값진 것이었으며, 그러한 공부를 통해 또한 지금 행복과 성공을 맛보고 있다.

독서를 통해 가난한 자는 부자가 될 수 있고, 둔한 자는 지혜로운 자가 될 수 있고, 비천한 자는 존귀한 자가 될 수 있고, 편협한 자는 군자가 될 수 있고, 나약한 자는 강자가 될 수 있고, 소인은 대인이 될 수 있고, 아마추어는 프로가 될 수 있고, 평범한 사람은 비범한 사람이 될 수 있고, 일반 대중은 리더가 될 수 있고, 독자는 저자가 될 수 있다. 그것도 마법처럼 말이다.

한 권의 책을 읽었다고 해서 인생이 바뀌지 않는다. 하지만 한 권이 두 권이 되고, 두 권이 10권이 되고, 10권이 100권이 되고, 100권이 1000권이 되고, 1000권이 이제 세기 힘들 정도로 수없이 많은 양이 될 때 비로소 당신의 사고와 의식은 평범한 사람들이, 즉 책을 많이 읽지 않은 사람들이 도저히 따라올 수 없는 그런 경지에 이르게 된다.

그 순간 당신 앞에는 새로운 인생이 펼쳐진다.

오로지 순수하게 책의 힘을 통해 인생을 남들과 다르게 깊은 성찰과 실천으로 살았던 위대한 철학자 중 한 명이 '길 위의 철학자'로 알려진 에릭 호퍼(Eric Hoffer)가 아닐까?

그의 삶은 그 어떤 교육도, 그 어떤 혜택도 받지 못했다. 정규 교육의 기회에서 처절하게 외면당하고 배척당한 삶이었다. 그는 일곱 살 때 시력과 어머니를 모두 잃었다. 그래서 그는 교육을 받을 기회를 놓쳤고, 시각장애인으로 청소년기를 살았다. 그러던 중 다행히 기적적으로 시력이 회복되자 아버지를 또 잃었다. 결국 그는 배운 것도 없는 상태로 혼자 남게 되었고, 접시닦이와 같은 허드렛일을 하다가 결국에는 부두 노동자로 평생을 살았다.

단 몇 년 동안도 학교에 다녀본 적이 없는 그가 자신의 인생을 어떻게 개척하며 살아나갔을까? 놀랍게도 그는 세계적으로 유명한 철학자가 되었고, 수많은 나라에 그의 책들이 번역되어 출간되기도 하는 유명한 작가가 되었다.

그가 자신의 비루한 인생을 완전하게 뒤바꿀 수 있었던 유일한 힘은 책읽기였다. 그는 부두 노동자로 평생을 살았지만 책읽기를 매우 좋아했다. 그가 책읽기를 좋아하게 된 것은 또다시 시력을 잃게 될까 봐 두려웠기 때문이기도 하다. 그래서 그는 책읽기에 광적으로 집착했다.

한마디로 그는 독서광인 부두 노동자였고, 평생을 사회의 가장 낮은 신분으로 살았다. 인생의 황금기와 같은 청소년 시절 8년 동안 시력을 잃고 시각장애인으로 살았다. 또한 고아의 처지였다. 그뿐만 아니라 평생을 온갖 종류의 잡일을 하는 거칠고 힘든 삶을 살았다. 그러나 동시에 그는 수많은 사람들에게 참된 철학과 사상에 대해 일깨워주는 세계적인 사상가로, 길 위의 철학자로 살았다.

방대한 양의 독서를 통한 독학으로 그는 자신만의 사상 체계를 확립할 수 있었고, 그 덕분에 그는 세계적인 사상가의 반열에 오를 수 있었다. 이것이 바로 책의 힘이며 독서의 위력이다.

에릭 호퍼는 배우려는 사람들이 변혁의 시대에 주역이 된다고 말한 바 있다. 지금 우리가 살고 있는 이 시대는 정적인 시대가 아니라 동적인 시대이며 그것도 변혁의 시대이다. 그리고 이 시대는 열심히 '일하는 사람'들이 아니라 책을 통해 '배우려는 사람'들이 이끌게 되어 있다.

세계 최고의 학교를 졸업한 사람도 세계적인 사상가의 반열에 오르기 힘들다. 그러나 에릭 호퍼는 많은 책을 읽는 것으로 세계적인 사상가의 반열에 올랐다. 이는 책이 정말 강력한 힘을 갖고 있음을 보여주는 사례라 할 수 있다.

좋은 학교, 좋은 선생님, 좋은 환경이라는 기회는 모든 사람들에게 열려 있지 않다. 오히려 극소수의 사람들에게만 열려 있는 그들만의 소중한 기회인지 모른다. 서민들은 세계 최고의 학교에 다닐 수 있는 경제적 여유와 기회를 좀처럼 갖지 못한다.

그런 점에서 책의 위대함이 더 부각된다. 심지어 노예 신분일지라도 자신의 노력과 의지만 있다면 책을 읽을 수 있다. 책을 통해 많은 것을 배울 수 있고 책을 통해 인생을 바꿀 수 있다.

책의 이러한 장점을 잘 설명한 독서광 중 한 명이 조선의 선비였던 혜강 최한기 선생이다. 그는 내가 존경하는 다산 정약용 선생만큼 엄청난 독서와 집필을 했던 조선 제일의 선비였다. 그는 조선 선비들 가운데 최고로 많은 책을 집필했다. 평생 동안 그는 1000여 권의 책을 저술했다고 알려져 있다. 하지만 전해 내려오는 것은 그중 10퍼센트밖에 안 된다고 한다.

그는 책을 사는 것에 절대로 돈을 아끼지 않았다. 책이 투자 대비 수익률에서 최고라는 것을 잘 알고 있었기 때문일 것이다. 그는 이런 말을 한 적이 있다.

"만약 이 책 속의 사람이 나와 같은 시대에 살고 있는 사람이라면 나는

1000리를 불문하고 반드시 찾아갈 것이지만, 나는 지금 아무런 수고도 없이 앉아서 그와 만날 수 있으니 책 사는 일에 돈이 많이 든다 한들 그 사람을 만나기 위해 먼 여행을 떠나는 것보다야 훨씬 낫지 않겠는가?"

책은 누군가를 바꾸어놓는 기적을 발휘할 뿐만 아니라 위대한 이를 쉽게 만날 수 있게 한다. 그것이 책의 힘이다. 아무리 좋은 위력을 가진 마법의 지팡이라도 그것이 아무나 접근할 수 없는 곳에 있다면, 예를 들어 지도에도 나타나지 않는 태평양 한가운데의 무인도에 있다면 사실상 아무 힘도 없는 것이다.

그런데 그 어떤 인생도 바꾸어놓을 수 있는 마법의 지팡이가 우리 주위에 수도 없이 많이 존재하고 있다면 당신은 어떻게 할 것인가? 그런데 도서관에 있는 수많은 책들, 서점에 있는 수많은 책들이 바로 그런 마법의 지팡이라면 당신은 그 책들을 그냥 지나칠 수 있을까?

책의 위대한 비밀 중 하나는 책이 그런 마법의 힘을 가지고 있음에도 누구나 쉽게 접근할 수 있도록 문을 열어놓고 있다는 점일 것이다.

여기서 중요한 사실 한 가지를 덧붙이겠다. 나는 인간의 본능 중 하나가 책을 읽어야만 하는 본능이라고 생각한다. 동물들은 먹어야만 살아갈 수 있다. 하지만 인간은 먹는 것만으로 살아갈 수 없다. 무엇인가를 읽어야 하고 그 읽은 것들을 토대로 살아간다. 그런 점에서 독서는 인간의 본능 중 하나로 인식되어야 한다고 생각한다.

그래서 인간의 기본 욕구에 식욕, 성욕, 배설욕 등과 함께 독서욕도 포함되어야 마땅하다고 여긴다.

우리 모두는 자신이 어떤 존재이고 또 어디쯤 서 있는지를 살피려고 우리 자신뿐 아니라 우리를 둘러싸고 있는 세계를 읽는다. 우리는 이해하기 위해, 아니면 이해의 단서를 얻기 위해 읽는다. 우리는 뭔가를 읽지 않고는 배겨내지 못한다. 독서는 숨 쉬는 행위만큼이나 필수적인 기능이라고 하겠다.

_알베르토 망구엘, 《독서의 역사》

세계적인 독서가인 알베르토 망구엘(Alberto Manguel) 역시 자신의 책인 《독서의 역사》를 통해 독서는 숨 쉬는 행위만큼이나 필수적인 기능이라고 말하고 있다.

독서파만권 하필여유신
讀書破萬卷 下筆如有神

나는 한때 저자 소개에 다음과 같은 문구를 넣어 나를 표현한 적이 있다.

"중국 최고의 시인으로 시성(詩聖)이라 불렸던 두보(杜甫)는 '만 권의 책을 읽으면 글을 쓰는 것도 신의 경지에 이른다(讀書破萬卷 下筆如有神)'라고 말한 적이 있는데, 그것이 허투루 하는 말이 아님을 온몸으로 경험한 사람이 바로 필자일 것이다."

명사 특강에 초청을 받아서 특강할 때 가장 많이 이야기하는 것 중 하나가 '독서파만권 하필여유신'이다. 이것은 자세나 정성에 대한 이야기가 아니라 변화와 도약에 대한 이야기다. 그리고 이것은 태산을 올라가는 것보다 그 정도와 수준이 좀 더 높고 크다고 할 수 있다. 즉 태산을 올라가는 것에 대한 이야기가 아니라 태산을 만드는 것의 이야기이고, 바다를 건너는 이야기가 아니라 바다를 이루는 것의 이야기이기 때문이다.

《1만 페이지 독서력》이란 책의 저자인 윤성화 씨는 인터넷서점 알라딘과 11번가에서 도서 MD로 근무하면서, 자기계발과 경제경영 분야의 좋은 책을 소개하는 일을 하는 사람이다. 그는 도서 MD로 일하면서 꾸준히 책을 읽는 방법을 소개하는 책, 독서 습관에 대한 책을 직접 집필하여 출간한 적도 있다.

《1만 페이지 독서력》이란 책도 그중 하나이다. 그런데 이 책에서 윤성화 씨는 책을 많이 읽는 사람들을 정말 두려워해야 하는 이유는 그 사람이 책을 통해서 얻어 가는 지식이 아니라 남들보다 더 노력하는 자세 때문이라고 말한다.

> 책을 많이 읽는 사람을 정말 두려워해야 하는 이유는 그 사람이 책을 통해서 얻어 가는 지식이 아니라 그 자세 때문이다. 독서는 최소한의 노력이자 준비이다. 이것마저도 하고 있느냐, 하지 않고 있느냐는 그 사람의 깊이를 재는 첫 번째 척도가 된다. 책을 읽는 것 자체가 가장 기본적이면서도 효율적인 자기계발 방법이다.
>
> _윤성화, 《1만 페이지 독서력》

나는 윤성화 씨의 의견에 한 가지를 덧붙이고 싶다. 독서를 많이 하는 사람들이 남다른 비범함을 갖게 되는 이유는 그 자세나 지식 때문만이 아니다. 독서를 많이 하는 사람들이 남다른 비범함을 갖게 되는 더 중요한 이유는 남들이 보지 못하는 것을 볼 수 있는 의식이 발전하기 때문이다.

이렇듯 의식이 달라지고 향상된다는 것은 다르게 표현하면 평범한 인간의 의식 수준을 뛰어넘어 놀라운 의식을 가지고 인생을 살아가게 됨을 의미한다.

세종대왕이 세계에서 가장 과학적이고 위대한 글자를 만들 수 있었던 것은 비단 노력하는 자세 때문만이 아니다. 백독백습(百讀百習)이라는 엄청난 노력과 훈련을 쏟아부어 수많은 책을 통해 향상시킨 수준 높은 의식 때문이었다고 생각한다.

엄청난 노력을 할 수 있는 훌륭한 자세를 가졌다고 그런 사람들이 모두 탁월한 성과를 창출하고 위대한 일을 할 수 있는 것은 아니다. 엄청난 책들을 통해 자신의 의식을 남다르게 만든 책벌레들이 남들은 하지 못하는 것들을 해낸다. 발명왕 에디슨이 그렇고, 정복자 나폴레옹이 그렇고, 워렌 버핏과 빌 게이츠가 그런 것이다.

중국에는 '손자천독 달통신(孫子千讀 達通神)'이라는 말이 있다고 한다. 《손자병법》을 1000번 읽으면 신의 경지에 통하게 된다는 뜻이다. 이 말은 노력이나 자세와 상관없이 1000번을 읽으면 이전에는 보이지 않던 것들이 눈에 보이고 이전에는 도저히 생각할 수 없던 것들을 비로소 생각해낼 수 있게 될 정도로 의식이 달라지고 향상됨을 의미한다.

책을 읽는다는 것은 '최소한의 노력이자 준비'가 아니다. 인간으로서 최고의 경지에 이르게 되는 '최고의 노력이자 최대의 노력'이다. 독서를 통해 둔재가 천재로 도약하고, 독서를 통해 평범한 사람들이 비범한 존재로 거듭나기 때문이다. 이러한 사실에 대해 말한 사람들이 한두 명이 아니다. 가까이는 우리 조상들 중에도 있다. 추사체를 만든 추사 김정희 선생도 그중 한 분이다.

네이버 지식백과에서 조선 역사에 대한 '우리가 정말 알아야 할 우리 선비'라는 코너에 보면, 조선의 선비에 대한 이야기들이 매우 심도 있게 다루어지고 있다. 그런데 그 이야기 중 한 대목에 추사 김정희 선생에 대한 이야기가 나온다.

> 추사 김정희는 전통적인 사대부로서 '그림이나 글씨가 손끝에서 되는 것이 아니라 가슴속에 만 권의 책이 쌓여서 비로소 문자향(文字香)이나 서권기(書卷氣)로 피어나는 것'이라는 예술관을 갖고 있었으니, 문학론에서 도문일치론(道文一致論)과 같은 맥락의 이론이다.
>
> _네이버 지식백과, '스승 추사(秋史)와 달리한 예술혼'

쉽게 말하자면, 가슴속에 만 권의 책이 들어 있어야 그것이 흘러넘쳐서 그림과 글씨가 된다는 뜻이다. 즉 추사 김정희 선생 역시 책을 많이 읽는 것이 자세와 태도의 문제를 넘어 그 사람의 내면과 그 사람 자체를 획기적으로 도약시키는 것이라 말하고 있다. 많은 책읽기를 통해 사람이 발전하고 성장하고 어느 경지에 이르며 무엇인가를 이룰 수 있다는 사실을 언급한 것이다.

"책은 읽어도 되고 읽지 않아도 되는 것이 아니라, 읽지 않으면 안 되는 것이다. 독서로 길러진 사고력이 뭔가를 생각할 때 큰 힘이 되고 있으며 대화를 나눌 때도 독서 경험이 긍정적으로 작용하기 때문이다."

《독서력》의 저자인 사이토 다카시의 말이다. 독서를 통해 얻는 것은 지식이 아니라 사고력이다. 그 사고력의 총합이 바로 의식인 것이다. 즉 사고의 흐름을 의식이라고 할 수 있다. 많은 책을 읽으면 세상을 보는 통찰력이 완전하게 달라진다. 바로 이것이 목숨을 걸고 독서를 많이 하는 사람들을 두려워해야 하는 이유이다. 그들은 당신이 보지 못하는 것들을 보고 있다.

> 어쨌거나 그 후 나는 이 매력적인 진실을 나 자신에게 그리고 문학을 함께 공부하는 학생들에게 자주 되뇌었다. 우리의 인생을 업그레이드할 수 있는 바로 그 길. '인생이 바뀐다'는 말은 당연히 작가가 되는 길만을 의미하지 않는다. 마지막 1000권째 책을 덮는 날, 그는 자신과 세상을 그전과는 전혀 다른 눈으로 꿰뚫어 볼 수 있다는 뜻이다. 이는 곧 전혀 다른 사람으로 다시 태어난다는 말이다. 아아, 지금과 전혀 다른 나. 그는 내 속에서 잠자고 있는 것이 아닐까.
>
> _이희중. 인터넷신문 〈전북일보〉 '이희중의 문학편지' 2003년 8월 26일자

이희중 교수도 1000권이라는 많은 책을 읽으면, 인생이 바뀔 정도로 사람이 달라진다는 것을 깨달았던 사람들 중 한 명이었다.

소크라테스가 한 말 역시 책을 많이 읽으면 자기 자신의 발전과 성장이 이루어진다는 것을 강조하고 있다.

"남의 책을 많이 읽어라. 남이 고생한 것을 가지고 쉽게 자기 발전을 이룰 수 있다."

결론은 최고의 인생을 살기 위해, 혹은 성공하기 위해 가장 좋은 방법은 평범한 독서를 뛰어넘는 다독(多讀)이라는 점이다.

아르키메데스는 "나에게 넉넉한 길이의 지렛대와 강한 받침대를 준다면 한 손으로도 지구를 들어 올릴 수 있다"고 당당하게 말했다. 그런데 우리 인생에서 넉넉한 길이의 지렛대나 강한 받침대와 같은 구실을 해주는 것이 바로 높은 수준의 의식이다. 그리고 그러한 높은 수준의 의식은 많은 책을 읽고 많은 것들을 받아들여 사색과 성찰을 통해 융합될 때 만들어진다. 독서를 많이 하는 사람들이 리더가 되고, 위대한 일을 해낼 수 있는 인물로 자신을 한 단계씩 성장시키는 이유가 바로 여기에 있다.

우리가 활용할 수 있는 가장 긴 지렛대와 강한 받침대는 외부에 존재하는 것이 아니며, 또 누군가가 만들어주는 것도 아니다. 그것은 내부에 존재하며, 스스로 수많은 책을 통해 만들어나가야 하는 것이다.

《네 안에 잠든 거인을 깨워라》라는 책에서는 우리가 인생을 잘 살아가는 열쇠에 대해 이렇게 말한다.

성공의 열쇠는 자신감과 강인함, 유연성, 자신의 능력에 대한 감각, 즐거움들을 창조하는 신체의 행동 패턴을 창조하는 것이다. 침체는 행동의 결여에서 온다는 것을 명심하라. 잘 돌아다니지 않는 노인의 모습을 떠올려 보라. 늙는다는 것은 나이 문제가 아니다. 행동, 즉 움직임이 부족한 것이다. 움직임의 부족으로 생기는 최악의 결과는 죽음이다.

비가 온 뒤에 길을 따라 걷던 아이들이 물웅덩이를 발견했다고 하자. 아이들이 그 흙탕물에서 무엇을 하겠는가? 아이들은 흙탕물에 뛰어들어 물을 튀기고 깔깔거리면서 즐거운 시간을 가질 것이다. 나이 든 사람들은 어떻게 할까? 흙탕물에 빠질까 봐 조심스럽게 돌아간다. 그냥 돌아서 가기만 하는 것이 아니라, 내내 불평을 늘어놓는다. 우리는 인생을 남다르게 살고 싶어 한다. 그렇다면 자신을 위해서 유쾌함, 대담함, 장난스러움 같은 것을 어째서 인생의 우선순위에 올려놓지 않는가? 기분이 좋아지는 데 특별한 이유가 필요한 것은 아니다. 우리는 살아 있다. 물웅덩이에서 흙탕물을 튀기고 즐거워하는 아이들처럼 우리는 아무런 이유 없이도 행복을 느낄 수 있다.

_앤서니 라빈스, 《네 안에 잠든 거인을 깨워라》

앤서니 라빈스는 성공의 열쇠가 강인함과 유연성, 자신의 능력에 대한 확신, 즐거움 등을 창조하는 신체의 행동 패턴을 만들어내는 것이라고 말한다. 다시 말해 성공하기 위해서는 행동력 있는 사람이 되어야 하고, 비가 온 뒤에 흙탕물로 뒤범벅이 된 골목길에서도 유쾌하고 대담하게 유희를 즐길 수 있어야 한다고 말한다.

그렇다면 왜 어린아이에게는 넘치는 유쾌함이나 행복감 등이 나이가 들수록 사라지는 것일까? 왜 유쾌함과 행복감으로 이어지는 행동력이 부족하게 되는 것일까?

나는 그 차이가 바로 의식의 차이라고 생각한다. 어린아이는 정신적으로 성숙하지 못한 상태이다. 그럼에도 즐길 줄 알고, 유쾌함과 담대함을 가지고 있고, 걱정과 근심에서 벗어날 줄 안다. 본능적으로 알고 있는 것이다.

　하지만 사람들은 살아가면서 이런 유쾌함과 담대함과 결단력과 강인함과 유연성과 창조성 등과 같은 좋은 특성들을 하나씩 상실해버린다. 그래서 정작 인생에서 무엇인가를 제대로 할 수 있는 시기가 되면 무기력해진다. 그리고 의미 있고 가치 있는 것들에 대한 능동적인 선택과 행동이 결여된 채로 살아가게 된다.

　그래서 성공하기 위해서는 그러한 것들을 회복해야 하며, 이전보다 훨씬 더 강한 의식이 필요하다. 그렇기 때문에 많은 책을 읽는 것이 필요하다. 많은 책을 읽으면 의식이 회복될 뿐만 아니라 더 향상되고 더 성장할 수 있기 때문이다.

　"문제는 능력이나 지식이 아니라 의식이다."

　이 말은 나의 성공과 행복에 대한 지론이며, 유일한 해답이다. 나에게 있어서 이 생각은 절대적이다. 하지만 나와 다른 의견을 가진 사람들의 생각이 오답이라는 뜻은 아니다. 그 사람에게는 그 말이 정답이다. 우리는 모두 다른 인생을 살아가야 한다. 그래야 그 존재 의미와 가치를 빛낼 수 있다. 각자의 인생에는 각자에게 맞는 정답이 있기 마련이다.

　그래서 나의 고유한 가치와 의견에 근거를 두고 말하자면 당신이 행복하지 못한 인생을 살고 있다면 그것은 당신의 능력이 부족해서가 아니라 의식이 부족해서이다.

만 권의 책을 읽으면 글을 쓰는 것이 신의 경지에 이르게 된다고 말한 중국의 시성 두보와 가슴속에 만 권의 책이 들어 있어야 글과 그림이 저절로 흘러넘치게 된다고 말했던 추사 김정희 선생은 만 권의 책이 사람의 의식을 완전하게 도약시킬 수 있다는 사실에 대해 누구보다 잘 알고 있었던 위인들이다.

평범한 직장인, 평범한 아빠, 평범한 중년, 평범한 남자였던 내가 글을 쓸 수 있는 사람으로 변신하게 된 것은 100퍼센트 책의 힘, 책 만 권의 위력 때문이다. 만 권의 책을 읽어보지 않은 사람이 많은 책을 읽을 필요가 없다고 말하는 것은 어불성설(語不成說)이다.

아프리카에 살던 부족민이 미국 뉴욕에 가서 그곳의 선진 문화와 교육을 받고 다시 미개한 아프리카 정글 속 자신의 부족민들에게 돌아와 문화와 교육의 필요성에 대해 말한다고 생각해보자. 그때 태어나서 지금까지 평생을 그 아프리카 정글 속에서만 살았던 부족장이 "미국 뉴욕의 선진 교육과 문화는 필요 없다"며 "그런 것 없이도 지금까지 잘 살아왔다"고 말한다면 이보다 더한 어불성설이 어디 있을까? (물론 이는 하나의 비유일 뿐이다. 아프리카 원주민들이 뉴욕에 사는 사람들보다 훨씬 더 행복한 삶을 살고 있는지도 모른다. 그뿐만 아니라 아프리카에 선진 교육과 문화가 반드시 필요하다고 말할 수 있는 그 어떤 근거도 없기 때문이다.)

만 권의 책을 읽은 후에 만 권의 책을 읽는 것이 인생에 아무 도움이 되지 않는다고 말한다면 나는 그 사람의 말을 존중하고 인정해줄 것이다.

하지만 수천 권의 책도 읽지 않은 사람들이 다독은 불필요한 것이라고 말하는 것은 도저히 인정해줄 수 없다.

독서를 통해 내가 얻었던 것은 '실패와 성공, 인생과 도전에 대한 인식의 전환'이었다. 하지만 그것은 빙산의 일각처럼 눈에 보이는 일부분에 불과한 것일 수도 있다. 그렇다고 해서 그것이 덜 중요한 것은 아니었다.

토머스 에디슨은 "시도했던 것이 모두 잘못되어 폐기되더라도, 그것은 또 하나의 전진이기 때문에 나는 절대 실망하지 않는다"고 말했다. 하지만 얼마나 많은 사람들이 자신이 시도했던 것이 실패로 끝나서 폐기될 때 절대로 실망하지 않고, 그것조차도 전진이었다고 생각할 수 있을까? 독서를 통해 내가 얻은 것은 바로 이러한 의식이었다.

그렇게 되자 두려움이 없어졌고, 두려움이 없어지자 세상의 모든 일들이 과거처럼 그렇게 힘들거나 어렵게 느껴지지 않았다. 특별한 사람만이 할 수 있는 그런 특별한 것들이 아니라 누구나 할 수 있는 평범한 일로 느껴지는 새로운 세상이 내 앞에 펼쳐졌다. 그리고 나는 그 세상에서 하루하루 내게 주어진 길을 걸어갔다. 그런데 그 길은 창조와 도전과 모험의 길이었다.

만 권의 책을 읽으면 글을 쓰는 것이 신의 경지에 이르게 된다는 것에 대해 나는 이렇게 생각한다. 만 권의 책을 읽으면 글을 쓰는 것이 더 이상 특별히 잘난 사람들의 영역이 아니라는 사실을 알게 된다. 그래서 누구나 글을 쓸 수 있는 새로운 세상을 스스로 자신의 내면에 만들 수 있다. 그리고 그러한 세상에서 그저 자유롭게 신나게 즐겁게 누구나 다 하루에 세

끼 식사를 하듯 그렇게 글을 쓰는 것이다.

'수장선고(水長船高)'라는 말이 있다. 물이 늘고 파도가 거칠어지면 위험할 수 있지만, 그 대신 그 배는 저절로 그만큼 높이 올라가게 되어 있다. 반대로 물이 너무 낮은 곳에서는 아무리 배가 높게 올라가려고 해도 높게 올라갈 수 없다. 물의 양이 적기 때문이다.

만 권의 책을 읽는 것은 자신의 내면에 물을 많이 채우는 것과 마찬가지다. 물을 많이 채울수록 배라는 의식은 높게 올라갈 수 있다. 굳이 어떤 노력을 기울이지 않는다 해도 배는 저절로 불의 양만큼 높이 올라간다. 이처럼 우리의 의식도 우리가 읽은 책의 양만큼 저절로 향상된다.

Chapter 5

평범한 중년에게
실제로 일어난 기적 같은 일들

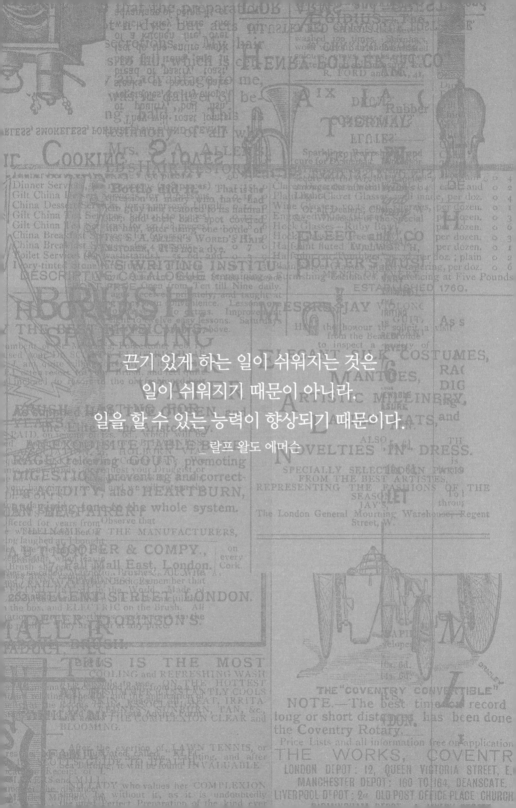

끈기 있게 하는 일이 쉬워지는 것은
일이 쉬워지기 때문이 아니라.
일을 할 수 있는 능력이 향상되기 때문이다.

_랄프 왈도 에머슨

1년 6개월 동안
33권의 책을 출간하다

자신의 이름으로 된 책 한 권을 출간한다는 것은 평범한 사람들에게는 꿈과 같은 일인지도 모른다. 적어도 5년 전의 나에게는 그랬다. 그래서 나는 평생을 살면서 단 한 번도, 심지어는 꿈에서조차도 작가가 되겠다는 생각을 해본 적이 없다.

그만큼 글쓰기에 대해서는 평범한 수준 이하의 사람이었는지도 모른다. 그런 사람이 갑자기 책을 쓰기 시작했다. 책 쓰기에 대한 그 어떤 공부를 한 적도 없고, 교육을 받은 적도 없다. 그와 관련된 학교나 학원도 다닌 적 없는, 경험이라고는 전혀 없는 평범한 중년 남성이 책을 쓰기 시작한 것이다.

누군가가 도서관에서 초창기에 내가 글을 쓰는 것을 보았다면 아마도 이렇게 말했을지도 모른다.

"마치 신들린 사람처럼 글을 쓴다."

주관적인 느낌이지만 1년 동안 나는 정말 미친 사람처럼 글쓰기에 완전하게 빠져 있었다. 수도꼭지에 빈 생수병을 대고 물을 받으면 처음에는 물이 들어가지만 이내 곧 생수병이 다 차서 흘러넘친다. 그것도 물이 들어오면 들어오는 대로 모두 넘친다.

2009년부터 2011년까지 3년 동안은 책을 읽는 것이 내 활동의 거의 전부였다. 그것도 도서관에서만 말이다. 물론 어쩔 수 없이 도서관 밖에서 무언가 다른 일을 하기도 했다. 3년은 정확히 1095일이다. 나는 그중 3개월 정도는 다른 무엇인가를 하거나 혹은 가정 형편 때문에 도서관에 가지 못했다. 하지만 나머지 1000일은 도서관에서 살았다. 그리고 책을 읽는 것이 내 활동의 99퍼센트를 차지했다.

그렇게 1000일의 시간을 보낸 후인 2011년 12월부터 2012년 12월까지 가장 왕성한 1년을 보냈다. 본격적으로 책을 쓰기 시작했던 것이다. 물론 그전에도 한 권의 책이 어떻게 출간되었지만, 이는 그저 말 그대로 어쩌다가 된 것이다. 본격적으로 글을 쓰기 시작한 것은 2011년 12월부터였다. 이때부터 매달 한 권 이상의 책이 출간되어 나왔고, 1년 6개월 동안 33권의 책이 출간되는 기이한(?) 현상이 벌어졌다.

퇴사 후 초반 3년은 책읽기에 온전히 미쳤다면, 그 후 1년 정도는 정말 아무것도 안 하고 글쓰기에 완전하게 미쳐서 살았던 시기였다.

초반 3년의 책읽기가 나를 변화시켰다면, 후반 1년의 글쓰기는 내 인생을 변화시켰다. 그리고 이 4년 동안의 과정(나는 책읽기 3년과 글쓰기 1년을 '3+1의 기적'이라고 부른다)에 관한 이야기는 1년 정도 더 지나 의식이 차오르면 그때 자연스럽게 흘러나올 것이라 생각한다.

이처럼 나의 글쓰기는 마치 물이 넘치는 것과 같은 모습으로 흘러넘쳤다. 글을 쓰지 않으면 참을 수가 없었다. 사람이 사흘만 굶으면 눈에 보이는 것이 모두 먹는 것이 되고, 쥐도 잡아먹는 상황이 된다.

미국 초기 역사에 기근이 심했을 때 남편이 죽은 임산부나 보호자가 없는 어린아이들을 잡아먹었다는 기록이 있다고 주장하는 사람들도 있다. 이런 주장이 전혀 근거가 없는 것은 아닐 것이다. 성경에도 사람이 굶주렸을 때는 인간 이하의 행동을 하게 된다는 이야기가 나온다.

그런데 나는 굶주림보다 더한 갈망을 느끼면서 도저히 글쓰기를 하지 않을 수 없을 정도의 욕망에 빠졌다. 40년 동안 쓰지 못하고 쓰지 않았던 것들이 40대가 되어 뿜어 나오게 되었을 때, 그 힘이 얼마나 큰지 상상하기 힘들 것이다.

재미있게도 그리고 놀랍게도 나는 단 한 번도 작가가 되기 위해 글을 쓴 적이 없었다. 그리고 지금도 내가 작가라고 생각하지 않는다. 나는 그저 공부를 했고 그 부산물들인 나의 생각과 의식을 글로 적었을 뿐이다. 그리고 그러한 과정, 수많은 책을 읽고 그것을 토대로 독창적인 생각을 하고 그것을 글로 쓰는 것이 좋았을 뿐이다.

분명하게 밝혀야 할 것이 있다. 나는 작가가 되는 것이 꿈도 목표도 아니었던 사람이다. 그렇기 때문에 작가 수업을 받아본 적이 없다. 그래서 문장력이나 필력은 좋다고 할 수 없다. 이것은 당연한 결과이다.

작가가 되기 위해 혹은 글쓰기를 오래전부터 좋아해서 좋은 문장을 필사하면서 필력을 오랫동안 향상시켜 온 사람들의 필력이 좋은 것은 당연한 세상 이치다. 나는 한국 사회에 필력이 뛰어난 준비된 작가들이 수도 없이 많다는 것을 인정한다.

그러나 나는 다른 각도로 생각해보았다. 글을 잘 쓰는 사람은 문장력이 뛰어난 사람이나 필력이 좋은 사람이다. 하지만 훌륭한 저술가의 가장 중요한 조건은 글을 잘 쓰는 것이 아니라 기존에 존재하지 않았던 새롭고 독특한 콘텐츠를 끊임없이 창조해낼 수 있고, 그것을 독자들에게 쉽고 분명하게 잘 전달해줄 수 있는 능력이 아닐까?

바로 이런 이유에서 문학가가 갖추어야 할 조건과 일반적인 대중들을 위한 저술가가 갖추어야 할 조건은 다르다고 할 수 있다. 그런 점에서 나는 후자 쪽에 속하고, 나에게 가장 중요하고 필요한 것은 새롭고 독특한 아이디어가 넘쳐나는 콘텐츠를 창조해내고 그것을 대중들에게 전달해주는 능력을 기르는 것이다.

나의 글쓰기 스타일에 대해 마땅하게 정의를 내리기 힘든 것도 사실이다. 하지만 몇 달 전부터 이러한 생각이 잘못된 것이라는 사실에 대해 비로소 깨닫게 되었다. 문법이나 형식의 구애를 받지 않고 의식의 흐름을 따라가는 자유로운 글쓰기 스타일인 '프리 라이팅(free writing)'에 대한 책을 우연히 읽었기 때문이다.

나에게 새로운 영감을 심어준 작가인 도러시아 브랜디의 《작가 수업》이란 책을 통해 내가 좋아하는 나탈리 골드버그와 줄리아 캐머런 등이 모두 프리 라이팅 작가라는 것을 알게 되었다.

글쓰기에 대한 좀 더 구체적이고 포괄적인 이야기는 나의 글쓰기 관련 책들을 통해 독자들과 나누기를 원한다. 이 책은 글쓰기 책이 아니라 내 인생에 대한 경험담을 담은 책이다. 그러므로 한 권의 책으로 모든 것을 다 나눌 수는 없음을 이해해주기 바란다.

2011년 1월에 《공부의 기쁨이란 무엇인가》(다산북스)란 책이 내 생애 최초의 책으로 출판되었다. 이것은 내가 글을 쓰고자 마음먹고 쓴 책은 아니다. 그냥 공부를 하던 중 어느 날 공부에 대한 책을 읽다가 공부에 대한 이야기들이 천편일률적으로 너무 공부의 방법, 테크닉, 성적 올리는 기술, 시험 잘 보는 방법 등과 같이 방법론에 치우쳐 있는 것을 보고 '이래서는 안 되겠다'라는 생각의 발로에서 뿜어져 나온 것이다.

그래서 이 책은 지금 생각해봐도 숨기고 싶은 그런 책 중 하나이다. 물론 내 가슴 한편에는 모든 책을 숨기고 싶은 마음이 있고, 또 한편에는 세상에 내놓고 싶은 마음도 있다.

아무리 형편없는 책이라도 그 책을 통해 용기와 감동을 받는 사람이 있다는 것을 생각할 때는 세상에 내놓고 싶지만, 한 권 한 권을 쓰는 데 많은 시간과 에너지를 쏟는 다른 작가들을 생각할 때는 좀 자제해야겠다는 생각도 든다. 하지만 그들과 보조를 맞추기 위해 글쓰기를 하지 않으면 미칠 것 같은 사람이 글을 쓰지 않고 무엇을 하란 말인가? 돈을 벌기 위해서도 아니고, 명성을 얻기 위해서도 아니고, 이름을 남기기 위해서도 아니다. 글을 쓰지 않으면 죽을 것 같은 사람은 절박하다. 그렇기 때문에 글을 쓸 때 최고의 기쁨과 즐거움을 누린다.

무엇인가에 미친 사람이 그것을 할 수 없다면 세상은 지옥과 마찬가지다. 하지만 그것을 하면 이 세상은 천국이 된다. 내게 글쓰기가 바로 그런 것이었다.

그렇다. 중요한 것은 내가 글쓰기를 즐긴다는 사실이다. 그리고 그 결과 먹고살 수 있을 뿐만 아니라 누군가의 인생을 좋은 방향으로 바꾸어 놓을 수 있다는 것은 멋진 일이다.

첫 책이 출간된 후에도 나는 글쓰기보다는 책을 읽고 공부하는 것에 빠졌고, 그것에서 벗어나지 못했다. 그런 점에서 첫 번째 책과 두 번째 책의 출간 사이에는 거의 1년 정도의 시간 차가 존재한다. 그 1년이라는 간극 동안 책을 더 읽었던 것이다.

그래서 제대로 책들이 쏟아지기 시작한 것은 2011년 12월 22일부터이다. 지금까지 나의 책들 가운데 가장 많은 사랑을 받은《48분 기적의 독서법》이 바로 이날 출간되었다. 이 책을 기점으로 한 달에 평균 1권 이상의 책들이 나왔다.

결과적으로 2011년 12월부터 2013년 6월까지, 즉 1년 6개월 동안 33권의 책이 세상에 나왔다. 그 책들 중 어떤 책들은 운이 좋게도 2012년 '국립도서관에서 가장 많이 대출된 책 TOP 10'에 포함되었고, 어떤 책들은 일본, 중국 등에 번역되어 출간되기도 했고, 어떤 책들은 인터넷 포털 사이트에서 '오늘의 책'에 선정되기도 했고, 또 어떤 책은 경제주간지에 소개되기도 했다.

1년 6개월 동안 33권의 책을 출간한 작가는 드물 것이다. 수십 년 이상 글을 쓰면서 살아가는 전업 작가들 중에는 100권 이상의 책을 출간한 사람들도 있다. 하지만 이런 작가들 대부분은 20~30년 이상 글을 쓴 사람들이다. 이렇게 빠른 속도로 책을 출간하는 사람은 찾아보기 힘들 것이다.

한마디로 나는 독특하고 남다른 글쓰기 스타일을 가지고 있는 그런 사람이 되었다. 너무 빨리 너무 많이 책을 쓴다고 나쁘게 보는 사람도 없지는 않다. 그 이유는 여러 가지가 있을 수 있지만, 가장 큰 이유는 아마도 상대적인 기회손실 때문일 것이다.

공정한 경쟁사회에서 어떤 이는 3개월 혹은 6개월마다 책을 출간하여 그것으로 생계를 유지하는데, 갑자기 혜성처럼 나타난 이름 없는 중년 남자가 1개월에 한두 권의 책을 출간해버리자 상대적으로 위압감이 들었을 수도 있다. 특히 한두 권의 책에 생계가 달려 있는 작가라면 더더욱 그럴 수 있다.

하지만 나는 한국 사회의 문제는 책이 너무 많이 출간되는 게 아니라, 그 반대로 책을 쓰는 작가들이 너무 적고, 그로 인해 다양한 책들이 너무 적게 출간되는 것이라고 생각한다.

사람들에게는 저마다 원하는 취향과 콘텐츠와 스토리가 있다. 그것이 정확히 어떤 것인지를 아는 사람들도 많지 않다. 작가의 의무는 독자들에게 그러한 것들을 알게 해주고, 제시해주는 것인지도 모른다.

지금보다 10배 정도 다양한 견해와 의식을 가진 더 많은 작가들이 한국 사회에 존재한다면 그만큼 출간되는 책의 종류가 다양해질 것이고, 그로 인해 잠재 독자들, 책을 읽지 않는 사람들도 책과 친해질 수 있는 기회를 더 많이 갖게 될 것이다.

한국인들이 책을 읽지 않는 것은 비단 그들만의 잘못은 아니다. 그들의 마음을 사로잡고, 그들이 한순간도 눈을 떼지 못할 정도로 정신이 번쩍 들 만큼 매력적이고 놀라운 콘텐츠로 중무장한 엄청난 책들이 많이 출간되지 않기 때문이라고 생각한다. 그래서 책을 쓰는 수많은 사람은 스스로를 돌아보며 깊이 반성할 필요가 있다.

10년 이상 스마트폰을 만들어왔고, 지금은 책을 만드는 일을 하고 있는 나로서는 스마트폰과 유용하고 흥미진진한 애플리케이션을 만들어낸 사람들, 그것도 인간의 영혼을 사로잡을 만큼 잘 만들어낸 개발자들에게 존경을 표하지 않을 수 없다. 그들이 그렇게 잘 만들었기 때문에 지금 수많은 사람들이 지하철과 버스, 그리고 다른 여러 장소에서 책 대신 스마트폰을 보고 있는 것이리라. 그리고 이 사실은 작가들에게 많은 것을 가르쳐준다.

작가들은 스마트폰보다 더 재미있으며 독자의 영혼을 사로잡을 책을 쓸 수 있다. 그러나 그렇게 잘된 책이 많지 않은 현실이 안타깝다. 그래서 이 세태에 대한 불평만 늘어놓을 것이 아니라 더 좋은 작품을 위해 더 많은 시간과 정성을 투자해야 하지 않을까? 물론 이 교훈은 가장 먼저 나에게 해당하는 것이리라.

결국 다양한 주장과 견해, 스토리와 콘텐츠, 매력적인 읽을거리 등으로 잘 짜이고 꽉 채워진 책들이 많이 출간되는 사회가 더 성숙한 사회, 더 발전하는 사회로 나아갈 수 있을 것이다.

그런 점에서 책들을 빨리 많이 출간하고, 많은 책들이 다양한 작가들로부터 출간되어 나오는 것은 결코 나쁜 일이 아니다. 독자들에게 더 많은 선택의 기회와 다양한 읽을거리를 제공한다는 점에서 유익한 것이라고 할 수 있을 터이다.

소수의 작가가 한국 출판 시장을 독점하면 나태해질 수 있다. 이는 그 작가에게도, 사회에도, 독자들에게도 결코 바람직하지 못한 결과를 불러올 수 있다. 하지만 수많은 작가들이 치열하고 왕성하게 집필하고 그 결과 독특하고 창조적인 콘텐츠로 무장된 책들이 많이 출간된다면 모든 이들에게 결과적으로 유익한 일이 될 것이라고 생각한다.

다산 정약용 선생은 유배 기간이었던 18년 동안 500권의 책을 저술했다. 그리고 그 책들로 인해 조선의 학문은 크게 발달했다. 또한 이 책들은 지금까지도 매우 중요한 학술 자료로 여겨지고 있다. 그런데 다산 선생의 집필 속도를 연 단위로 계산하면 1년에 27권씩의 속도로 책을 쓴 셈이 된다.

"선생님, 저희 회사에서 강의를 부탁드립니다"

자신을 대단치 않은 인간이라 폄하해서는 안 된다. 그 같은 생각은 자신의 행동과 사고를 옭아매려 들기 때문이다. 오히려 맨 먼저 자신을 존경하는 것부터 시작하라. 아직 아무것도 하지 않은 자신을, 아직 아무런 실적도 이루지 못한 자신을 인간으로서 존경하는 것이다. 자신을 존경하면 악한 일은 결코 행하지 않는다. 인간으로서 손가락질 당할 행동 따위 하지 않게 된다. 그렇게 자신의 삶을 변화시키고 이상에 차츰 다가가다 보면, 어느 사이엔가 타인의 본보기가 되는 인간으로 완성되어 간다. 그리고 그것은 자신의 가능성을 활짝 열어 꿈을 이루는 데 필요한 능력이 된다. 자신의 인생을 완성시키기 위해 가장 먼저 스스로를 존경하라.

_프리드리히 니체, 시라토리 하루히코 편역, 《니체의 말》

니체의 이 말처럼 자신의 인생을 완성하기 위해서는 무엇보다 가장 먼저 스스로를 존경하고, 자기 자신을 믿어야 한다.

3년 동안 수많은 책들을 읽기 전에는 나 자신을 그렇게 대단한 인간이라고 생각해본 적이 없었다. 물론 지금도 나는 나 자신에 대해 대단한 인물이라고 생각하지 않는다. 앞서 언급했듯 비록 1년에 수십 권의 책을 출간하고 있지만 나는 나 자신에 대해 한 번도 '작가'라고 생각해본 적이 없었다.

그저 책을 읽는 것을 좋아하게 되었고, 어쩌다가 글을 쓰는 것에 미치게 되었고, 결과적으로 내 이름으로 된 책들이 많이 출간되었을 뿐이다. 그런데 달라진 것이 있다면 공부를 하면 누구나 자신을 넘어설 수 있다는 사실에 대해 확실하게 체험하고 산 공부를 했고, 그러한 원리를 제대로 배웠다는 것이다. 그런 점에서 누구를 만난다 해도 그 사람의 현재의 모습보다는 미래의 모습을 내다볼 수 있게 되었다.

그리고 또 한 가지는 세상사는 모두 능력이 중요한 것이 아니라 의식이 중요하다는 사실에 대해 배우게 되었다. 능력의 차이는 5배 이상을 넘는 사람이 있을 수 없다. 하지만 의식의 차이는 500배 이상을 넘는 사람이 수도 없이 많다. 바로 그것이 연봉이 1000만 원도 안 되는 사람과 1000억 원이 넘는 사람이 이 지구상에 함께 존재하는 이유라고 생각한다.

3년 동안의 집중 독서로 내가 달라진 것은 능력이나 지식이 아니다. 내가 달라진 것이 있다면 의식 하나뿐이다. 그런데 그 달라진 의식이 내 인생을 완전하게 바꾸기에 충분하고도 남는다는 것을 알고 놀라지 않을 수 없었다. 모든 것은 능력이 아니라 의식이 좌우한다는 것을 확신하고 또 확신하게 되었다.

2009년부터 2011년의 3년과 2012년 1년은 나에게 매우 중요한 해였다고 할 수 있다. 축구 선수들이 45분의 전반전 경기를 마치고 나서 중간에 하프타임이라는 휴식 시간을 가지듯, 나는 불혹이 되는 나이를 전후하여 정확히 3년의 하프타임을 가졌던 것이다.

인생의 하프타임을 가진 덕분에 내 인생의 후반전에는 놀라운 기적 같은 일들이 벌어졌다. 그러한 기적 같은 일들 중 하나가 유명인사 특강에 초청을 받아 강연을 하게 되었던 일이다.

서울시 동대문구청에서 매달 실시하는 '예그리나 명사 특강'에 명사로 초청을 받아 수백 명의 시민들 앞에서 특강을 하게 되었던 것이다. 평범한 직장인이 3년 동안의 하프타임을 통해 글을 쓰는 작가로 변신하게 되었고, 1년에 수십 권의 책이 출간되면서 여러 단체들, 여러 기업체, 여러 모임에서 강연 요청이 들어오기 시작했다.

내 인생에서 놀라운 전환이 일어난 것이다. 평범한 직장인에서 백수가 되어 3년을 책만 읽었던 중년 남성이 어느 순간부터 다양한 기관으로부터 강연 요청을 받게 되는 그런 일들이 벌어졌기 때문이다.

이렇게 기적과 같은 일들이 벌어질 수 있었던 유일한 이유는 나의 능력이 향상되었다거나 지식이 많아졌기 때문이 아니다. 그것은 의식이 달라졌기 때문이다.

성공학 불후의 고전(古典)으로 평가받고 있는 오리슨 스웨트 마든(Orison Swett Marden)의 《미라클(The Miracle)》이란 책을 보면 서문에서 인간의 성공과 실패는 의식에 달려 있다고 말하는 대목을 접할 수 있다.

> 나는 항상 낙관적이고 희망에 찬 태도로 성공하고 행복해지리라 기대하는 습관보다 더 가치 있는 것은 없다고 믿는다. 그런데 사람들은 대개 행동과 마음가짐이 일치하지 않아 공들여 세운 탑을 스스로 무너뜨린다. 어떤 일을 달성하려고 애는 애대로 쓰면서 실제로는 그와 다른 결과를 생각하는 것이다.
>
> 실패자처럼 말하고 실패자처럼 행동하는 사람을 목적지에 데려다주는 과학이나 철학 따위는 없다. '난 가난해. 이 가난에서 결코 벗어날 수 없어'라고 생각하고 있는데 어떻게 부유해질 수 있겠는가?
>
> (……) 인간이 강하거나 약한 것, 성공하거나 실패하는 것, 조화롭거나 조화롭지 못한 것은 그 사람의 의식에 달려 있다. 의식이야말로 우주를 관통하는 창조의 힘이다. 또한 신에게로 향하는 위대한 진리이자 실체다.
>
> _오리슨 스웨트 마든, 《미라클》

나는 성공과 행복은 결국 자기 자신에게 달려 있다고 믿는다. 천금 같은 기회가 온다 하더라도 충분한 자격을 갖춘 사람이 아니라면 무용지물이 된다. 하지만 기회가 없더라도 자기 자신을 성장시켜 충분한 자격을 갖춘 사람은 스스로 기회를 창출할 수 있다. 그런 점에서 먼저 자기 자신을 성장시키고 발전시키는 것이 가장 중요하다.

나에게 있어 가장 큰 발전은 지식이나 능력이나 기술이 아니라 의식의 도약이다. 평범했던 내가 다양한 분야를 넘나들면서 여러 주제의 책들을 집필할 수 있었던 가장 큰 동력은 의식의 변화이다. 3년 동안 수천 권의 책을 읽으면서 나의 의식 각각이 작은 의식 덩어리인 책 한 권 한 권과 조우하고 통합되고 융합되었다. 그러면서 새로운 의식들이 연쇄반응과 비슷하게 반응하면서 지속적으로 생겨난다는 것을 알게 되었다. 그 덕분에 나는 의식이 달라졌다. 그리고 달라진 의식은 내 인생을 바꾸었다.

여기서 말하는 의식이란 과거에 열풍을 일으켰던 론다 번의 《시크릿》이란 책에서 말한 '끌어당김의 법칙'과는 약간 다른 것이다. 서양에서 발전한 자기계발서 가운데 많은 책들이 '목표' '꿈' '비전' 등과 같은 것들의 설정과 확립을 중요시한다.

그리고 그러한 목표와 꿈과 비전이 확고하게 설정되면, 그다음으로 중요한 것이 얼마나 시간을 효율적으로 사용하여 그 목표를 달성하느냐이다. 그렇기 때문에 시간 경영이 매우 중요한 요소가 된다.

하지만 동양의 고전을 살펴보면 서양의 자기계발, 즉 꿈과 목표를 달성하고 눈부신 인생을 만들고 부와 성공을 거머쥐도록 자신을 만드는 것과 본질적으로 다른 차원의 자기계발이 있음을 알 수 있다.

동양을 대표하는 사상가인 공자나 노자를 살펴보면, 목표 달성이나 꿈의 실현보다는 사람으로서의 바른 마음가짐과 행동을 강조하며 좀 더 고차원적인 처세를 이야기한다. 공자는 지위가 없음을 불평하지 말고 남이 나를 알아주지 않는 것을 염려하지 말고 실력을 기르는 데 힘쓰고, 자신이 남을 알아주지 못하는 것을 염려해야 한다고 말한다.

특히 노자의 경우에는 이보다 더 심하다. 성공하려는 마음, 사사로운 마음을 버려야 오히려 성공할 수 있고 이룰 수 있다고 말한다. 이것을 한 마디로 하면 '무사성사(無私成私)'이다. 자신을 버리면 자신을 얻게 되고, 잃고자 하면 얻게 되고, 목표나 꿈을 내려놓으면 목표나 꿈을 이룰 수 있게 된다는 의미다.

재미있게도 그리고 놀랍게도 나의 인생은 바로 '무사성사'라는 말과 그대로 맞아떨어진다. 세상에서 성공하기 위해서라면 인맥 관리를 더 철저히 하고, 경력 관리를 더 많이 하고, 직장에서 좀 더 높은 지위로 올라가야 했을 것이다. 하지만 나는 직장도 버리고 인맥 관리나 경력 관리에서도 손을 놓았다. 한발 더 나아가 고스란히 3년 동안 신문도 뉴스도 보지 않고 세상과 벽을 쌓고 책만 읽었다.

이러한 3년 동안의 행동은 다른 측면에서 볼 때는 '사회적 인간'을 버린 것이라고 할 수 있다. 세상의 사사로운 이익에 목을 매는 사람은 절대로 3년 동안 단 한 푼의 월급도 받지 않고 책만 보는 선택을 할 수 없기 때문이다.

'작가'가 되기 위해 책을 읽은 것도, '강사'가 되기 위해 책을 읽은 것도 아니다. 그저 나를 버리고, 욕심을 버리고, 성공을 버리고, 세상을 버리고 책을 읽었을 뿐이다. 그런데 작가도 되고 강사도 되었다.

TV 토크쇼에서
나를 부르다

나에게 2012년 1년 동안은 '글쓰기에 미쳤던 한 해'였다고 말할 수 있다. 2009년부터 2011년까지가 책읽기에 미쳤던 3년이었다면, 2012년은 글쓰기에 오롯이 미쳤던 한 해였다.

얼마나 글쓰기에 미쳤을까. 1년 동안 40군데의 출판사와 출판 계약을 맺었고, 1년 6개월 동안 33권의 책이 나왔다. 이 이야기를 들은 대부분의 사람들은 놀라움을 넘어 당혹감마저 내비추었다. 당연히 그중 몇몇은 의심의 눈길을 보내며 대필을 동원한 게 아닌지 조심스럽게 물어보기도 했다.

그런데 대필을 시키려면 돈이 많아야 한다. 그리고 대필을 시키는 사람들은 최소한 자기 분야에서 큰 성공을 거둔 이들이다. 그러나 나는 그어떤 것에도 해당되지 않는다. 그저 도서관에서 하루 종일 책만 읽는 백수에 불과하기 때문이다. 내가 그렇게 많은 책을 쓸 수 있었던 이유는 대필 때문이 아니라 글쓰기에 완전하게 미쳤기 때문이다.

2012년 1년 동안에 40군데나 되는 출판사와 계약을 하면서 딱 한 군데를 제외하고 출판사 대표나 관계자들을 직접 만난 적이 없다. 그 사람들을 만나는 시간조차 너무 아깝다고 생각했기 때문이다. 그 시간도 글쓰기에 투자하고 싶었다.

컴퓨터 게임에 중독된 청소년들보다 더하면 더했지 덜하지 않은 중독성이다. 종일 글을 쓰면 몸이 지칠 수밖에 없다. 에너지가 매일 완전히 방전되는 느낌을 받는다. 하지만 글을 쓸 수 있다는 것이 최고로 행복하고 즐거웠다.

부산에 거주하면서 글을 썼기 때문에 많은 출판사 관계자분들이 계약을 하기 위해 부산에 기꺼이 내려오고자 해도 나는 절대로 내려오지 말라고 이야기했다. 글 쓰는 것에 미친 사람에게 글을 쓸 수 있는 시간과 환경보다 더 소중한 것은 없기 때문이다.

그렇게 나는 글쓰기에 미쳐 1년을 보냈다. 1년이 지나는 시점인 2012년 12월 31일 문득 새로운 의식이 생겼다.

그것은 바로 '혼자만 잘 먹고 잘 사는 것은 옳지 않다'는 의식이었다. 그날 이후로, 즉 2013년 1월 1일부터 나는 다 함께 잘 먹고 잘 사는 삶을 추구하기 시작했고, 그런 철학을 담은 새로운 의식을 가지고 살기 시작했다.

그러자 일주일도 안 되어 〈주간조선〉 기자에게서 전화가 왔다. 만약 새로운 의식을 가지고 있지 않았다면 인터뷰를 거절했을 것이다. 하지만 이제는 나 혼자 잘 먹고 잘 사는 것(도서관에서 혼자 글을 읽고 쓰는 것만으로 최고로 행복한 삶이기에)을 포기하고 세상에 자신을 내어주기로 했던 것이다.

앞에서 언급했던 '무사성사' 원리가 이번에도 그대로 적용되었다. 며칠 전만 해도 새로운 의식을 가지기 전이었다. 그래서 그때까지는 그 어떤 인터뷰나 면담 요청도 무조건 거절했다. 그러나 이제는 사람들을 만나기 싫어하는 나 자신을 버리고자 마음먹었기 때문에 무조건 인터뷰나 강의 요청을 수락하기로 했다.

내가 원칙과 방향을 180도 바꾼 이유는 또 있었다.

2012년 한 해는 글을 쓰고 그것이 책으로 출간되어 조금이라도 생활비를 보탤 수 있어 좋았다. 특히 아무것도 아닌 저자의 책을 출간해 준 출판사들이 고마웠다. 그런데 출판업계가 지속적으로 불황에서 벗어나지 못하는 가운데 내 책을 출간해준 고마운 출판사들도 힘든 상황을 겪고 있었다.

나는 책이 적게 팔려도 크게 힘든 상황을 겪지 않지만 내 원고의 가능성을 보고 출간을 해준 출판사들은 책이 많이 팔리지 않으면 힘든 상황을 겪을 수밖에 없다. 특히 저자가 유명한 사람이 아닐 때는 판매가 쉽지 않다. 뿐만 아니라 나처럼 사회적 활동을 전혀 하지 않는 사람이 저자일 경우는 책의 홍보에 어려움을 겪는다.

그래서 나는 내 책을 출간해준 고마운 출판사들을 위해 사람들을 만나는 것을 싫어하고, 사람들 앞에서 이야기하는 것을 싫어하는 소극적이고 내성적인 나 자신을, 책을 읽고 글을 쓰는 것만으로도 더할 나위 없이 행복한 나 자신을 포기하고, 세상에 나 자신을 내놓기로 했던 것이다.

그렇게 원칙과 방향이 달라지자 〈주간조선〉에 기사가 나가게 되었고, 이어서 TV조선 시사 토크쇼 '판'에도 출연하게 되었다.

　　TV에 40분 정도 출연하자 인생이 정말 놀랍게 또 달라졌다. 다양한 사람들과 단체에서 연락이 오고, 그때부터 유명인사가 된 듯한 느낌을 강하게 받게 된 것이다(출연 당시의 동영상은 항상 인터넷에 올라와 있어 검색만 하면 누구나 어디서든 그것을 항상 볼 수 있다). 그리고 이 때부터 나는 세상에 조금씩 알려지기 시작했다.

도서관의 첫 번째 선물:

최고의 인생을 사는 법

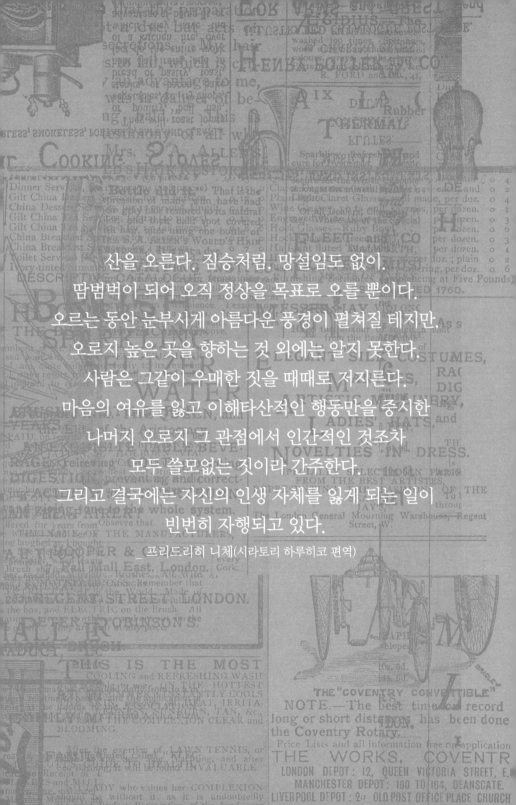

산을 오른다. 짐승처럼, 망설임도 없이.
땀범벅이 되어 오직 정상을 목표로 오를 뿐이다.
오르는 동안 눈부시게 아름다운 풍경이 펼쳐질 테지만,
오로지 높은 곳을 향하는 것 외에는 알지 못한다.
사람은 그같이 우매한 짓을 때때로 저지른다.
마음의 여유를 잃고 이해타산적인 행동만을 중시한
나머지 오로지 그 관점에서 인간적인 것조차
모두 쓸모없는 짓이라 간주한다.
그리고 결국에는 자신의 인생 자체를 잃게 되는 일이
빈번히 자행되고 있다.

_프리드리히 니체(시라토리 하루히코 편역)

인생을 최고로
사는 법은 있었다

삶을 너무 진지하게 받아들이지 마라. 그렇지 않으면 별로 성취하지도 못하고, 더 빨리 늙으며, 흥미도 재미도 없는 사람이 될 것이다.

많이 놀고 순수하게 재미를 느껴라. 노화의 징후가 사라지고 다시 젊어질 것이다. 재미는 젊음의 쌍둥이다. 건강을 되찾으려면 즐겁게 놀아야 한다. 이것이 자극이 되어 삶의 활력이 생긴다.

비판적이고 냉담하며 지나치게 진지한 마음가짐은 마음에 독을 일으킨다. 마음을 비틀고 몸속에 쌓여 건강과 행복을 해친다. 지나치게 진지하고 이기적이며 탐욕스러운 사람은 빨리 늙는다. 피부도 더 빨리 주름진다. 표정도 딱딱해서 호감을 주지 못한다. 그래서 자석처럼 사람들을 끌어당기지 못하고 능률도 떨어진다.

유머는 근심을 죽이고 걱정을 없애는 약이다. 혈액순환을 촉진하고 소화

를 돕는다. 유쾌한 사람은 잠도 잘 자고, 친구도 많을뿐더러 좋은 친구가

돼준다. 친구가 많은 사람은 우울할 틈이 없다.

사교성은 선의와 친절과 조화를 가져온다. 다 건강과 장수에 좋은 것들이

다. 조건이 같다면 유쾌한 사람이 더 오래 산다. 성장은 노화의 적이다. 끝

없이 성장하고 정신이 넓어지는 사람은 성장을 멈춘 사람보다 덜 늙는다.

_오리슨 스웨트 마든, 《미라클》

내가 도서관에서 배운 최고의 인생을 살아가는 법은 세상이 가르쳐주
는 방법과는 다소 차이가 있다. 그렇기 때문에 이 책을 읽는 사람들 중 일
부는 다른 의견을 제시할 수도 있을 것이다.

분명한 한 가지 사실은 이 세상에 정답은 없다는 것이다. 그러므로 어
떤 경우에도 정확히 들어맞는 그런 황금률은 존재하지 않는다. 그럼에도
내가 최고의 인생을 사는 법에 대해 말하고자 하는 이유는 평범한 중년에
불과했던 내가 1년에 수십 권의 책을 출간할 수 있는 사람으로 성장한 것
이 결코 우연이거나 운이 좋았던 덕분만은 아니기 때문이다.

다시 말해 세상의 모든 일에는 운도 무시할 수 없지만 그와 함께 정확
한 법칙이나 조건도 필수적이다. 그래서 누군가가 내가 경험한 최고의 인
생을 사는 법을 그대로 따라한다면 그 사람도 최고의 인생을 살게 될 확
률이 매우 높아질 것이라 믿는다.

지금부터 전달하고자 하는 최고의 인생을 사는 법은 다른 자기계발서
에서 주장하는 동기부여나 성공의 법칙과는 다르다. 그 책들은 이론이나

생각 혹은 타인의 성공 사례를 토대로 정리한 것이지만, 이 책은 실제로 한 사람이 경험했던 사실을 그 당사자가 직접 이야기하는 것이다. 어떤 종류의 책을 더 신뢰할 수 있을 것인지에 대한 판단은 독자들 스스로의 몫이다.

동대문구청 '예그리나 명사 특강'에서 내가 강연한 주제가 바로 '눈부신 최고의 인생을 살아가는 법'이었다. 그리고 그 강연이 매우 뜨거운 분위기 속에서 감동을 주는 좋은 시간이 되었기에 이 책에서도 그 강연 내용을 토대로 세 가지를 꼭 전달해주고 싶다.

결론부터 먼저 말하자면, 눈부신 최고의 인생을 살아가는 방법은 다음 세 가지다.

> 첫째. 죽도 밥도 아닌 인생에서 뛰어내려라. 죽도 되고 밥도 되는 인생은 없다.
> 둘째. 오늘부터 인생을 단순화하라. 욕심을 버리고 한 가지를 선택하라.
> 셋째. 좋아하는 일을 발견하고 그 일에 미쳐라. 미칠 때 기적이 일어난다.

이 세 가지 방법은 지난 4년 동안 도서관에서의 나의 생활을 그대로 반영하고 있는 법칙이다. 이 세 가지를 키워드로 간단하게 표현하면 '결별' '단순' '광기'이다.

내가 평범한 인생을 살다가 남다른 제2의 인생 역전에 성공할 수 있게 된 첫 번째 방법은 죽도 밥도 아닌 인생에서 뛰어내린 선택과 결단이다.

나는 인생의 황금기라고 할 수 있는 20대와 30대를 누구보다도 더 열심히, 더 치열하게, 더 노력하면서 살았다. 하지만 그렇게 살았음에도 문제는 여전히 평범한 인생, 죽도 밥도 아닌 인생, 그저 그런 인생에서 벗어나지 못하고 있었다는 사실이다.

평범하게 산다는 것은 결코 나쁜 일이 아니다. 하지만 누군가에게는 매우 나쁜 것이다. 위대한 인생을 살아갈 수 있는 너무나 많은 사람들이 그저 방법을 몰라서 자신의 엄청난 재능을 발휘하지 못한 채 그저 그렇게 하루하루를 살아가고 있기 때문이다. 그런 사람들에게 평범함은 인생을 낭비하고 있다는 측면에서 매우 나쁜 것이 된다.

아인슈타인이나 스티브 잡스, 토머스 에디슨, 세종대왕, 퀴리 부인과 같은 사람들이 평범하게 살았다고 생각해보자. 만약 그랬다면 우리는 지금처럼 풍요롭고 행복한 세상에서 살아가고 있지 못할 것이다.

누군가가 최고의 인생을 살아간다는 것은 그 한 사람에게만 좋은 것이 아니다. 그 사람으로 인해 전 인류가 좋은 혜택과 영향을 받게 된다는 사실을 상기해야 한다.

당신이 만약 위대한 기업을 창업하여 수많은 사람들에게 일자리를 창출해주고 있고, 당신이 속한 사회와 국가에 큰 유익을 주고 있다면 당신은 이미 그것만으로도 인류에 큰 봉사를 하고 있는 셈이다.

무조건 많은 돈이나 시간을 들여 헌신하는 것만이 인류에 대한 최고의 봉사는 아니다. 만약 당신이 당신 스스로가 선택한 분야에서 최고의 인생을 살고 최고의 성과를 창출해낸다면 그것이 바로 최고의 봉사이며 헌신이다. 이때 당신의 삶은 최고의 의미와 가치를 스스로 만들어내는 것이 된다.

하지만 남들의 인생을 좇아가거나 세상과 타인이 요구하는 그런 원칙과 기준에 휘둘려 혹은 세상의 부와 성공에 집착하여 남들과 경쟁하며 살아갈 때는 최고의 인생을 살아갈 수 없게 된다.

그리고 그것은 매우 안타까운 일이며 삶의 의미와 가치도 발견하지 못하는 인생으로 전락하고 만다. 타인의 삶을 그저 좇아갈 때 인생의 의미와 가치는 절대 생기지 않는다. 자기 자신만의 길을 개척할 때 비로소 생기는 것이다.

나는 인생의 전반기에는 그렇게 살지 못했다. 그저 남들이 공부를 할 때 나도 공부를 했고, 남들이 대학을 갈 때 나도 따라갔고, 남들이 군대에 갈 때 나도 따라갔다. 남들이 취직을 할 때 나도 따라서 했고, 남들이 결혼을 할 때 나도 따라서 했다.

남들이 하는 것을 보고 그냥 따라 하면 그것이 인생인 줄 알았다. 하지만 그렇게 사는 길에서는 절대로 최고의 인생을 만날 수 없다는 것을 알게 되었다. 바로 이것이 문제였다.

눈을 크게 뜨고 보니, 주어진 환경이나 조건이나 형편을 생각하면 훨씬 더 못한 인생을 살고 있을 것 같은 정말 아무것도 가진 것 없이 태어난 사람들이 너무나 멋지고 눈부신 최고의 인생을 살아가고 있는 것이 보였다.

그런데 그렇게 최고의 인생을 살아가고 있는 사람들이나 살아갔던 사람들을 자세히 관찰해본 결과 그들 중 남들을 좇아가는 인생을 살았던 사람이 단 한 명도 없다는 것을 알게 되었다. 뒤늦게 깨달은 사실은 최고의 인생을 살지 못하는 이유가 환경이나 조건이나 능력이나 기술이나 학식의 문제가 아니라 의식과 방법의 문제라는 것이었다.

내 인생을 뒤돌아볼 때 이런 사실은 더욱더 명확해졌다. 죽도 밥도 되는 인생은 없었다. 나는 죽도 되고 밥도 되는 인생, 안전한 인생, 정해진 인생이 있는 줄 알았다. 하지만 아무리 열심히 치열하게 노력하고 경쟁하며 살더라도 여전히 평범한 인생에서 벗어나지 못한다는 것을 알게 되었다.

이러한 사실을 알게 된 것은 대학을 졸업한 후 직장생활을 11년 정도 하고 나서였다. 그렇게 열심히 치열하게 정신없이 살았던 나의 인생을 뒤돌아보면서 또 다른 한 가지 사실을 깨달았다.

내 인생에는 멋진 실패가 없었다. 즉 멋진 성공만 없었던 것이 아니라 멋진 실패도 없었다. 뜨거운 환희도, 가슴 설레는 흥분도, 짜릿한 즐거움도, 눈부신 인생도 없었다. 어정쩡한 인생은 결코 최고의 인생이 될 수 없다.

가슴 아픈 실패도 없고 눈부신 성공도 없는 인생은 죽도 밥도 아닌 인생이다. 죽도 되고 밥도 되는 인생이 있는 줄 알았다. 하지만 그런 인생은 이 세상에 없었다. 머릿속에만 있을 뿐 현실로 존재하는 것은 아니다. 누군가 그런 인생을 살아가고 있는 것처럼 보일 뿐 실제로는 그런 인생이란 있을 수 없다.

세상에는 공짜가 없기 때문이다. 세상에는 실패가 없는 성공도 없고, 성공만 있는 성공도 없다. 이쯤에서 내가 내린 결론은 이것이다.

"나는 죽도 밥도 아닌 어정쩡한 인생을 40년 동안 살았다."

하지만 최고의 인생을 사는 법을 알게 되고, 그러한 방법으로 5년 정도를 살아가면서 나는 인생이 기적처럼 바뀌는 경험을 할 수 있었다.

5년 동안 어떤 방법으로 어떻게 살았기에 11년 동안 대기업에서 누구보다 더 치열하고 열심히 살았음에도 벗어나지 못한 평범한 인생에서 벗어나 눈부신 최고의 인생을 살아갈 수 있었던 것일까?

첫 번째 방법에 관해서는 많은 이들이 잘 알고 있다. 나는 죽도 밥도 아닌 인생, 즉 익숙한 그런 인생에서 뛰어내렸다. 다시 말해 익숙한 나 자신과 내 인생에 결별을 선언했고, 그런 삶에서 도망쳤다.

누군가에게는 그것이 직장을 그만두는 것이 될 수 있다. 그러나 반드시 직장을 그만두는 것이 전부는 아니다. 직장을 다니면서도 죽도 밥도 아닌 인생에서 뛰어내리는 방법은 부지기수로 많기 때문이다.

이 방법에서 중요한 핵심은 익숙한 자기 자신과 인생에서 뛰어내려야 한다는 것이다. 나는 그렇게 하기 위해 11년 동안 몸담은 회사에서 과감하게 퇴직했고, 아무도 나를 알지 못하는 곳인 부산으로 이사했다. 이제 더 이상 과거의 삶으로 돌아갈 수 없게 뛰어내린 것이다. 다시 돌아가기 위해서는 밧줄이 필요하다. 그래서 밧줄까지 버린 채 삶이라는 바다 한가운데로 뛰어내린 것이다.

그렇게 나는 죽도 밥도 아닌 인생에서 뛰어내린 후 두 번째 방법을 실천하게 되었다. 그런데 그 두 번째 방법을 설명하기 위해서는 타인의 지혜가 필요할 것 같다. 내가 생각하기에도 너무나 놀라운 이 방법에 대해 독자들이 쉽게 이해할 수 있도록 설명하기 위해 고대 로마 철인의 지혜를 잠시 빌려오고자 한다.

고대 로마에 호라티우스라는 이름의 시인이 있었다. 그런데 이분이 이런 말을 했다.

"당신의 열정을 지배하라. 그렇지 않으면 열정이 당신을 지배할 것이다."

열정을 가지고 살면 되지, 또 무슨 열정을 지배한다느니 혹은 열정에 지배당한다느니 하는 말은 무엇일까? 무엇보다 열정에 지배당하는 삶과 열정을 지배하는 삶의 차이가 무엇인지 궁금했다. 과연 열정을 지배한다는 것은 어떤 삶을 의미할까?

그 해답은 바로 나의 인생 속에 있었다. 나는 평범한 삶을 살았을 때 열정이 나를 지배하는 삶을 살았다는 것을 깨달았다. 그리고 더불어 최고의 삶을 살고 있을 때는 내가 열정을 지배하고 있다는 것을 알게 되었다. 독자 여러분은 그 차이가 무엇이라 생각하시는가?

생각해보면 내 인생의 20대와 30대는 열정이 나를 지배했다. 그래서 모든 일에 열정을 다 쏟아부었다. 이것도 목숨을 걸고 하고 저것도 목숨을 걸고 했다. 이것도 잘하고 싶고 저것도 잘하고 싶었다.

하지만 40대 이후의 삶은 내가 열정을 지배하기 시작했다. 그러자 선택과 집중을 할 수 있었다. 한 가지 일에만 목숨을 걸었고, 다른 세상의 모든 일에는 신경조차 쓰지 않게 되었다. 다시 말해 이렇게 하기 위해서는 마음의 온갖 욕심과 욕망과 집착을 다 내려놓아야 한다. 마음을 완전하게 비우는 것이 필요하다.

나는 열정에 지배당하는 것과 열정을 지배하는 것의 차이는 효율성의 문제라고 결론 내렸다. 최고의 인생이란 결국 얼마나 효율적으로 주어진 인생을 살아갈 수 있는가와 본질적으로 일맥상통하기 때문이다. 똑같은 시간이 모든 인간에게 주어진다. 누구에게는 하루가 24시간이지만, 또 다른 누구에게는 48시간인 것은 아니다. 하지만 어떤 이는 하루 24시간을 살면서도 48시간처럼 살지만, 또 다른 이는 하루가 12시간인 것처럼 산다. 그 차이를 만드는 것이 바로 효율성이다.

현대 경영학의 창시자인 피터 드러커(Peter Drucker) 박사도 효율성에 대해 이런 말을 했다.

"효율적으로 행동하는 것은 천성이 아니라 노력으로 몸에 배어야 할 습관이다. 정확하게 표현하면 그것은 습득할 수 있는 기법이다."

효율성이 높은 삶을 살 수 있는 방법이나 힌트는 무엇일까? 나는 감성 지능의 창시자인 하워드 가드너(Howard Gardner)의 말에서 힌트를 얻을 수 있었다.

"'누가 비범한가?'라는 질문은 잘못된 것이다. '어디에 비범성이 있는가?'라고 물어야 한다."

그리고 파킨슨의 법칙(Parkinson's Law)에서 말하는 원리를 통해서도 힌트를 조금 얻을 수 있었다.

"성과가 오르지 않는다면 시간이 너무 많기 때문이다."

이 모든 것들이 말해주고 있는 한 가지 사실이 무엇일까? 생각해보라. 추측해보라. 그리고 맞춰보기 바란다. 스스로 발견해낸 사실은 누군가가 대신 입에 넣어준 사실보다 훨씬 더 오래 기억될 뿐만 아니라 진짜 당신의 지식이 되고 의식이 된다.

이 모든 주장들이 말해주고 있는 한 가지 명백한 사실은 이것이다.

'똑같은 사람이 똑같은 일을 해도 어떻게 하느냐(방법과 의식)에 따라 결과가 달라진다는 것'이다. 더 쉽게 말하자면 이것이다.

"당신 자신이 단 한 번뿐인 그 인생을 현재 주어진 당신의 환경과 조건에서 살아가더라도 어떻게 살아가느냐에 따라 최고의 인생을 살 수도 있고 최악의 인생을 살 수도 있다."

나는 적당히 평범하게 살아가는 것이 최악의 인생이라고 생각한다. 시속 300킬로미터를 낼 수 있는 KTX가 한 시간에 100킬로미터로만 달린다면 이는 엄청난 낭비이며 잘못된 것이다.

당신의 삶도 이와 다를 바 없다. 당신이 최고의 인생을 살아갈 수 있고 하늘을 날 수 있는데도 그저 땅을 평생 기어 다니며 죽도 밥도 아닌 인생을 살아가고 있다면 이 얼마나 안타까운 일인가?

당신이 이것을 알지 못해 안타까워하지조차 못하는 상황일 수도 있다. 눈을 크게 뜨고 세상과 당신을 내다볼 수 있는 통찰력이 부족하다면 이 불행한 사태를 알아차릴 수 없다.

내가 이렇게 말할 수 있는 이유는 실제로 내가 그런 인생을 40대까지 살았기 때문이다. 세상 모든 것들의 효율성이 다르다는 것은 똑같은 환경 속에서 똑같은 능력을 가진 두 사람이 충분히 다른 인생을 살아낼 수 있다는 것을 의미한다.

철수라는 사람이 한 시간 동안 공부를 한다고 생각해보자.

한 시간 공부를 해도 언제 하느냐 어디서 하느냐에 따라, 어떤 마음으로 하느냐에 따라 효율성이 다 달라진다. 새벽 5시에 일어나 한 시간 공부하는 것과 하루 종일 힘들게 일하고 여러 사람들을 만나서 안 좋은 이야기도 듣고 친한 사람에게 배신당하는 그런 하루를 보낸 후 몸과 마음이 다 지친 상태에서 저녁 10시에 집에 돌아와 한 시간 공부를 하는 것은 효율이 다르다.

똑같은 사람이 하루에 5시간을 잔다고 생각해보자. 밤 10시부터 새벽 3시까지 자는 것과 새벽 3시부터 8시까지 자는 것, 이 두 가지 경우 중 어느 쪽이 더 편안하고 충분한 잠을 잘 수 있을까?

똑같은 사람이 똑같은 능력과 똑같은 시간과 똑같은 에너지를 투자하여 무엇인가를 한다고 생각해보자. 자신이 잘할 수 있는 일을 선택하여 하는 사람과 돈을 벌기 위해 그저 돈을 많이 벌 수 있는 직업을 선택하여 하는 사람, 둘 중 누가 더 일을 잘할 수 있을까?

세상은 불공평하다. 하지만 인생은 공평하다. 인생을 어떻게 살아가느냐에 따라 최악의 인생이 최고의 인생이 될 수 있고, 그 반대도 될 수 있기 때문이다. 세상의 모든 것들은 효율이 다르기 때문에 방법과 의식이 중요하다.

같은 시간 같은 일을 해도 효율이 다르기 때문에 성과가 다 다를 수밖에 없다. 바로 이 차이 때문에, 이 원리 때문에 비슷한 능력을 가진 두 사람의 5년 후와 10년 후가 전혀 다를 수 있는 것이다.

결론은 하루 24시간을 48시간처럼 사용하는 사람이 있고, 12시간처럼 사용하는 사람이 있다는 것이다. 그런데 여기서 반드시 기억해야 할 것은 이것이 단순히 물리적인 시간 관리의 문제가 아니라는 것이다.

미국과 영국에서 시작된 서양의 자기계발 흐름은 꿈과 목표 설정, 그리고 그러한 것들의 성취와 달성을 위한 시간 관리에 초점을 맞추고 있다. 그래서 수많은 자기계발 작가들과 동기부여 전문가들이 100년 동안 주장해온 자기계발 방법, 즉 성공적인 인생을 사는 방법 중 가장 중요한 것이 '시간 경영' '시간 관리'인 것이다.

나 역시 그렇게 생각했다. 그래서 그런 방식(시간 관리)으로 11년간 대기업에 다녔고 내 인생의 첫 사회생활을 그렇게 열심히 치열하게 남들과 경쟁하면서 살았다. 그런데 시간 관리, 시간 경영에는 아주 큰 문제가 하나 있다는 사실을 발견했다.

내가 발견한 시간 경영, 시간 관리의 문제는 무엇일까?

시간 관리, 시간 경영은 반드시 필요한 기술이고 현대인들에게 정말 중요한 인생의 처세술이지만 그렇게 살면 절대로 최고의 인생을 살지 못한다는 치명적인 한계를 안고 있다. 최소한 내 인생은 이러한 사실을 잘 보여주었다.

시간 관리, 시간 경영은 결국 복잡해져 가는 세상에 보조를 맞추기 위해 필요한 수단에 불과했다. 다시 말해 세상에 보조를 맞추고 세상과 사회가 필요로 하는 '대체 가능한 사람'이 되는 데 필요한 산업화 시대가 낳은 발명품에 불과한 것인지도 모른다는 생각을 하게 되었다.

대체 가능한 사람은 이것도 할 수 있고 저것도 할 수 있어야 한다. 남들이 할 수 있는 것을, 그리고 세상이 원하는 것을 다 할 수 있어야 한다. 그래서 '스펙 인간'이 만들어지는 것이다.

서양에서 비롯된 자기계발 이론은 이것도 잘해야 하고, 저것도 잘해야 한다고 주장한다. 그렇게 다양한 것들을 잘하기 위해서는 무엇보다 시간이 부족하다. 그 결과 시간 경영을 혹독하게 한다.

나는 그렇게 자기 자신을 학대하며 시간 관리의 고수가 되었다. 어디에 가도, 어떤 회사에 가도 쓸모가 있는 그런 대체 가능한 사람으로 변신에 변신을 거듭했다.

20대와 30대를 누구보다도 더 열심히 더 철저히 더 치열하게 더 바쁘게 시간 관리와 시간 경영을 하면서 살아왔던 나는 이제야 알게 되었다. 그것은 나 자신을 더욱더 남들과 비슷하게 만들었고, 결국 대체 가능한 사람으로 만들 뿐이라는 사실을 말이다.

다시 말해 시간 경영만으로는 절대로 최고의 인생을 살아갈 수 없다는 것을 깨달았다. 스펙을 쌓는 것, 자기계발을 하는 것, 시간 경영을 한다는 것은 모두 자신을 대체 가능한 사람으로 만들어가는 것에 불과하다는 것을 알게 되었다.

세계적인 베스트셀러 작가이자 세계에서 가장 영향력 있는 경영 구루 중 한 명인 세스 고딘(Seth Godin)도 자신의 베스트셀러 중 하나인 《린치핀(Linchpin)》을 통해 최고의 인생을 살아가지 못하는 이유에 대해 그 어떤 책보다도 더 구체적이며 정확한 설명을 하고 있다.

우리가 평범함에서 벗어나지 못하는 이유로 다음 두 가지를 들 수 있다.

① 학교와 시스템에 의해 세뇌당했다. 직장 일이 곧 내 일이고, 규칙을 지키는 것이 내 일이라고 믿게 되었다. 하지만 그런 시스템은 더 이상 작동하지 않는다.

② 모든 사람들의 마음속에는 겁에 질린 화난 목소리가 끊임없이 소리친다. 도마뱀뇌가 저항하는 목소리다. 평범해지라고, 그래서 안전을 지키라고 말한다.

_세스 고딘, 《린치핀》

우리 모두는 알게 모르게 열심히 살아가고 있고, 시간 경영을 하며 살아가고 있고, 자기계발에 목숨을 걸고 있다. 하지만 그러한 것들이 모두 거대한 기계의 톱니바퀴처럼 수도 없이 많은 평범한 사람들이 되기 위한 것이라면 어떨까?

인정하기 싫고 마음이 불편하지만 그것은 진실이다. 즉 우리는 모두 언제든지 바꿀 수 있고 대체할 수 있는 흔하고 흔한 톱니바퀴가 되도록 세뇌당하고 훈련받았으며, 그것이 전부인 줄 알고 그렇게 아등바등하며 살아가고 있었던 것이다. 그 결과 평범한 삶에 만족하며 그러한 삶이 최선인 줄 알고 스스로 위로하며 하루하루 살아가게 된 것이다.

평범한 삶에 만족하는 사람들이 차고 넘치기 때문에 세스 고딘의 표현을 빌리자면, 우리 주변에는 고지식한 관료들과 주말만 기다리는 노동자들과 주어진 길만 가는 사람들과 해고를 두려워하는 직장인들로, 한마디로 죽도 밥도 아닌 인생을 사는 사람들로 가득한 것이다. 그런데 더 큰 문제는 평범한 삶에 만족하는 사람들은 모두 무시와 낮은 보상, 해고, 스트레스와 같은 고통 속에서 살아가야 한다는 것이다.

나는 왜 그토록 많은 사람들이 그저 그런 평범한 삶에 만족하며 살아가고 있는지를 곰곰이 생각해보았다. 그리고 그것은 능력과 지식에 관한 문제 때문이 아니라 의식과 방법에 관한 문제 때문이라는 것을 깨닫게 되었다.

나의 경우도 능력이나 지식은 5년 전보다 오히려 더 떨어졌을 것이다. 하지만 5년 전과 비교도 할 수 없을 정도로 눈부신 최고의 인생을 살아갈 수 있는 이유는 의식이 달라졌기 때문이다.

쉽게 설명하자면 나는 능력이나 학식이 향상되었다거나 달라졌기 때문에 지난 세월보다 더 나은 인생을 사는 것이 아니다. 의식이 달라졌고 그로 인해 방법을 알게 되었기 때문에 내 인생 최고의 날들을 살아갈 수 있게 된 것이다.

이것을 깨닫기 전에는 직장생활을 하면서 누구보다도 더 열심히 더 노력하면서 더 치열하게 살면 최고의 인생을 살 수 있으리라 생각했고, 그 결과 바쁜 삶만 계속 살았던 것이다.

시간 관리의 대가가 되어도, 시간 경영의 창시자가 되어도, 시간 관리의 할아버지가 된다 해도, 그래서 엄청나게 열심히 일해도 결국 죽도 밥도 안 되는 인생을 살 수 있다. 그것은 방법과 의식이 뒷받침되지 않기 때문이다. 노력과 근면성실이 최선으로 보이지만 방법과 의식이 없다면 최선이 아니라는 것을 알게 되었다.

누구나 눈에 보이는 행동에서는 근면성실하게 최선을 다한다. 그러나 눈에 보이지 않는 의식의 세계에서 근면성실하게 최선을 다하는 사람은 그리 많지 않다. 그것은 의식의 도약이 필요한 일이기 때문이다.

의식의 도약을 통해 의식을 동원할 수 있는 방법을 깨닫고 그 방법대로 살아가면 최고의 자신을 만날 수 있고 만들 수 있다.

이렇듯 영국과 미국에서 시작된 서양식 자기계발의 핵심인 시간 경영에는 한계가 있다. 인간은 눈에 보이는 것보다 눈에 보이지 않는 의식에 더 큰 영향을 받는 존재이기 때문이다. 시간 경영은 눈에 보이는 부분만을 경영한다. 하지만 의식을 향상시키는 것은 눈에 보이지 않는 더 큰 자아를 경영할 수 있는 방법을 알게 되는 것이다.

3년 동안의 도서관 생활을 통해 내가 발견한 시간 관리보다 더 강력한 최고의 인생을 사는 방법은 '인생을 단순화하라는 것'이다.

여기에 대해 오해를 하는 사람들이 많다. 많은 이들이 단순하게 사는 것은 최고가 되는 길, 즉 최고가 되는 방법이나 도구로 오해한다. 하지만 그것이야말로 오해다. 단순하게 사는 것이 바로 최고의 인생을 사는 것이다.

인생을 단순화하여 3년을 살자 모든 것이 달라졌다. 그래서 이 세상의 모든 대가들이 단순한 삶을 살았음을 깨달았다.

모차르트도 피카소도 모두 인생을 단순화했던 덕분에 위대한 거장이 될 수 있었다. 눈부신 최고의 인생을 사는 사람들은 모두 사소한 일에 목숨을 걸지 않는다. 그것은 사소하고 복잡한 일에 쓸 신경이 없기 때문이다. 눈부신 최고의 인생을 사는 사람들의 인생을 들여다보면 굉장히 단순하다는 것을 알게 되고 그 사실에 놀라지 않을 수 없다. 단순함이 그들의 삶을 최고의 명품으로 만들어주었다.

단순한 삶을 사는 사람들이 최고의 인생을 살고, 대가가 될 수 있는 이유는 무엇일까? 그것은 인간의 능력과 에너지가 매우 한정되어 있기 때문이다. 그렇기 때문에 선택과 집중이 매우 중요한 것이다.

마지막으로 내가 강조하는 최고의 인생을 사는 세 번째 방법은 '미칠 만큼 좋아하는 일을 발견하고 그 일에 미치는 것'이다. 내가 '불광불급(不狂不及)'이란 말을 좋아하는 이유가 여기에 있다. 무엇인가에 미치는[狂] 사람만이 무엇인가에 미칠[及] 수 있다. 이것은 세상의 이치다.

평범한 누군가가 뛰어난 천재를 능가하는 방법으로 나는 이보다 더 나은 것을 찾을 수 없었다. 즉 이것이 최고의 방법이라는 말이다.

부끄러운 일이지만 나는 직장을 다닐 때까지는 책을 많이 읽지 못했다. 다시 말해 책을 읽는 것을 좋아하지 않았다. 회사를 그만둘 때까지 책을 1년에 한두 권도 읽지 않았던 것이다. 그런데 책을 좋아하게 되어 책에 완전하게 빠져 책에 미치게 되자 기적이 일어났다.

책에 미친 인생, '책광인생(冊狂人生)'을 3년 동안 살게 되자 인생이 놀랍게 바뀐 것을 통해 나는 알게 되었다. 누구나 무엇인가에 미치면 기적이 일어난다는 것을 말이다.

정말로 누구나 무엇인가에 미치면 기적을 만나게 되는 것일까? 이 사실에 대해 의구심을 가지는 독자가 없지 않을 것이다. 그래서 내 이야기가 아닌 다른 사람의 이야기를 들려주고 싶다.

너무나도 평범했던 한 가정주부가 있었다. 이 여성은 이미 인생의 대부분을 다 산 것 같은 팔순을 바라보는 할머니다. 그녀는 꽃다운 나이인 27세에 어느 농부와 결혼해서 50년을 평범한 주부로 살아온 76세의 할머니다. 그런데 남편이 먼저 세상을 떠나 혼자 남게 되었다. 76세의 나이에 혼자 남겨진 평범한 시골 주부인 할머니는 과연 그 이후에 어떤 인생을 살아갔을까?

외부적인 조건과 환경, 그리고 76세라는 나이는 눈부신 인생을 살기에는 최악이라고 할 수 있을 만큼 좋지 못했다. 사랑하는 남편이 떠났고, 70대 중반을 넘긴 몸과 마음은 많이 늙었고, 그래서 삶에 많이 지쳤을 것이다. 노후 준비도 완벽하게 하지 못했고, 시골의 가정주부로 평생 살았기 때문에 재산도 별로 없었다. 한마디로 혼자 여생을 즐기면서 살 수 있을 만큼 부자도 아니었다. 설상가상으로 이미 몇 년 전부터 퇴행성 관절염 때문에 평생 유일하게 좋아했던 취미생활인 자수도 하지 못하게 되었다.

70대 중반의 이 할머니는 그 이후 어떤 인생을 살았을까? 이 할머니가 최고의 인생을 살아갈 수 있는 방법은 무엇일까? 아니, 과연 최고의 인생을 살아갈 수는 있을까? 최고의 인생을 살기 위해서는 엄청난 에너지와 힘이 있어야 되는 것이 아닐까? 나이가 너무 많은 것이 아닐까? 즉 눈부신 최고의 인생을 어떻게 그 나이에 그런 환경에서 살아낼 수 있을까?

하지만 눈부신 최고의 인생을 살아가는 것은 주어진 환경이나 조건이

나 형편이나 능력과는 전혀 상관이 없다는 사실을 이 할머니의 인생을 통해 또 한 번 깨닫게 된다.

이 할머니에게 놀라운 인생이 펼쳐졌기 때문이다. 그리고 더 놀라운 사실은 그런 눈부신 인생이 저절로 이 할머니에게 주어진 것이 아니라 팔순을 바라보는 할머니가 자신의 힘으로 만들어냈다는 것이다.

70대 중반까지 평범하게 살아왔던 할머니가 그 어떤 시절의 자신의 인생보다 100배는 더 멋지고 눈부신 최고의 인생을 70대 이후, 즉 80대와 90대에 살아냈다. 그 할머니가 무려 100세까지, 즉 25년 동안 그 어떤 사람보다도 더 눈부신 인생을 살았다는 것이 믿기는가? 그것도 그 어떤 기술도 재산도 배움도 인맥도 경력도 지식도 가지고 있지 않았던 시골의 평범한 노년의 가정주부가 말이다. 과연 어떤 일이 벌어진 것일까? 그 비결은 무엇이었을까?

결론부터 이야기하자면 그 비결은 한 가지다. 내가 앞서 말한 '자신이 좋아하는 일을 발견하고 그 일에 모든 것을 쏟아붓는 것'이었다.

혼자 남겨진 할머니는 그때부터 그림을 그리기 시작했다. 그런데 이 할머니는 평생 그림에 대해 공부한 적도 없고 배운 적도 없었다. 그런 평범한 할머니가 그림 그리기에 미친 것이다.

최선을 다한다는 것과 무언가에 미친다는 것은 전혀 다른 일이다. 내가 제안하는 것은 최선을 다하는 것이 아니라 무언가에 완전하게 미치는 것이다. 최선을 다한다는 것은 자신의 능력과 지식을 기준으로 해서 제일 잘하는 것이고 열심히 하는 것이다. 하지만 이것만으로는 결코 자신을 넘어설 수 없다.

하지만 무엇인가에 완전하게 미친다는 것은 자신의 능력이나 지식을 기준으로 삼지 않는다. 그저 그 일과 자신이 하나가 된다는 것을 의미한다. 그 덕분에 자신을 넘어설 수 있는 것이다. 자신의 능력이나 지식과는 무관하게 탁월한 성과를 창출할 수 있다.

그림에 문외한이던 할머니가 그림 그리기에 미치자 기적이 일어났다. 미국 대통령에게 상도 받고, 100세 생일날은 뉴욕 시가 그 할머니의 생일을 기념하고 세상에 공포하며 공식적으로 축하하기까지 했다. 이것이 다가 아니다. 그 할머니의 그림은 미국은 물론이고 유럽, 일본 등 세계 각국에 알려졌고, 세계 각국에서 전시되었다.

이분이 바로 '미국의 국민 화가 모세스 할머니(Grandma Moses)'이다.

모세스 할머니가 최선만 다했다면 기적은 일어나지 않았을지도 모른다. 최선을 다하는 것 대신 그것에 미치자 기적이 일어난 것이리라. 눈부신 최고의 인생을 사는 유일한 방법은 '무엇인가에 미치는 것'이다.

무엇인가에 미쳐서 그것에 몰입하는 삶을 살 때 성공의 기회가 너무나 많이 찾아옴을 나는 잘 알고 있다. 성공하기 위해 많은 사람들이 성공을 좇아가며 최선을 다하는 삶을 살지만 성공의 기회는 그런 삶에서는 잘 나타나지 않는다.

하지만 성공을 좇아가지 않고 무엇인가에 미치는 삶을 살면 놀랍게도 성공의 기회를 너무나 많이 만날 수 있고, 심지어는 만들어낼 수 있다. 평범했던 시골의 할머니가 배운 것도, 기술도 능력도 없었지만 눈부신 최고의 인생을 살 수 있었던 비결도 바로 이것이었다. 훗날 모세스 할머니는 자신의 성공 비결에 대해 다음과 같이 말한 적이 있다.

"그저 그리운 옛날의 추억을 그리는 일에 미쳤기 때문입니다."

자, 최고의 인생을 살고 싶은 독자가 있는가? 그렇다면 오늘부터 무엇인가에 미쳐라. 단 세상일이 힘들어서 미쳐버리는 그런 수동적인 미침이 아니라 세상의 그 무엇인가에 능동적으로 미치는 것이어야 한다.

3년 동안의 도서관 생활을 통해 책에 미쳤던 나는 세상의 작은 이치를 하나 발견하게 되었다.

"여러분이 무엇인가에 미치지 않으면 세상의 복잡함 때문에 여러분이 미치게 된다. 여러분이 무엇인가에 미치면 기적이 일어나고 세상이 여러분에게 미치게 되고, 세상이 여러분에게 열광하게 된다."

독자들에게 묻고 싶다.

"당신이 세상에 미치겠는가? 세상이 당신에게 미치도록 하겠는가?"

되돌아보니 나는 후자를 선택했던 것 같다. 11년 동안의 직장생활을 통해서는 내가 점점 더 세상에 미치는 것 같았다. 하지만 3년 동안의 도서관 생활을 통해서는 세상이 점점 나에게 열광하도록 만들어갔던 것 같다. 내가 책에 미침으로써 말이다.

원리는 이것이다. 당신이 먼저 무엇인가에 미치면 세상이 당신한테 미치게 된다. 당신이 그 어떤 것에도 미치지 않으면 당신은 세상의 것들로 인해 점점 미쳐가게 된다.

자, 이쯤에서 한 가지를 생각해볼 필요가 있을 것 같다. 무엇인가에 제대로 미치면 무엇이 좋을까? 왜 미치지 않는 것보다 미치는 것이 더 좋을까? 조금 더 질문을 확장시켜 보자. 왜 꼭 미쳐야만 하는 것일까? 한마디로 미칠 때 자기 자신의 능력을 뛰어넘을 수 있기 때문이다.

미친 사람하고 싸움을 해본 적이 있는가? 미치면 보통 때의 힘보다 몇 배는 더 세지기 때문에 미친 사람과 싸우면 여간 힘들지 않다. 무엇인가에 미친 사람은 아무도 말릴 수 없다. 그 힘과 정신이 하나에 오롯이 집중되기 때문이다. 그런 점에서 힘의 측면에서 본다면 광기가 용기보다 더 세다고 할 수 있다. 그 어떤 장해물도 넘을 수 있는 것이 광기다.

무엇인가에 오롯이 미칠 수 있는 사람은 행복하다. 그런 사람들은 성공과 실패라는 결과에 연연하지 않을 수 있기 때문이다. 성공과 실패라는 결과를 초월하게 될 뿐만 아니라 그것을 하는 과정이 행복하고 신 나고 즐겁기 때문에 행복한 사람이 될 수 있다.

한마디로 세상에 살면서도 세상을 초월해서 살아갈 수 있는 경지에 이르는 사람이 바로 무엇인가에 미친 사람들이다.

《미쳐야 미친다》라는 책을 보면 우리 조상들의 '벽(癖)'에 대한 이야기가 나온다. 조선 시대 지식인들의 내면을 사로잡았던 열정과 광기를 탐색한 놀라운 이 책을 통해 나는 한 가지 사실을 분명하게 알 수 있었다. 정민 선생은 이 책에서 박제가 선생의 《백화보서(百花譜序)》의 한 구절을 소개해준다.

사람이 벽이 없으면 쓸모없는 사람일 뿐이다. 대저 벽이란 글자는 질(疾)에서 나온 것이니, 병 중에서도 편벽된 것이다. 하지만 독창적인 정신을 갖추고 전문의 기예를 익히는 것은 왕왕 벽이 있는 사람만이 능히 할 수 있다.

_정민, 《미쳐야 미친다》(16쪽에서 재인용)

벽이 없는 사람은 쓸모없는 사람이라는 말은 매우 충격적이다. 하지만 허투루 하는 말이 아님을 뼛속까지 느낄 수 있다. 나 또한 벽이 생기자 바로 쓸모 있는 사람으로 도약했기 때문에 그것을 누구보다 확신할 수 있다.

벽이 있는 사람만이 가질 수 있는 최대의 장점은 무엇일까? 남이 손가락질을 하든 말든, 출세와 성공에 보탬이 되든 말든, 타인들이 인정을 해주든 말든 타인들이 가지 않는 길을 혼자서도 뚜벅뚜벅 걸어갈 수 있다는 것이다. 이리 재고 저리 재지 않고 이익 대신 손해가 불을 보듯 뻔히 보이는 상황에서도 그저 그 길을 바보같이 갈 수 있다. 시련과 절망 속에서도 조금도 흔들림 없이 최고의 성실과 최대의 노력으로 일관되게 그 길을 갈 수 있다.

이것보다 더 큰 장점이 또 있을까? 이렇게 인생을 살아가는 사람이 인생에서 실패를 하고 낙오자가 된다고는 도저히 상상할 수 없다.

쉽게 얻는 성공, 쉽게 이루는 목적은 자기 것이 아니다. 머리가 좋거나 능력을 타고나서 쉽게 남들을 앞서가고 쉽게 성공을 맛본 사람들은 오래가지 못한다. 쉽게 얻은 것, 즉 피와 땀으로 일구어내지 않은 것은 평생 자기 것이 되지 못하기 때문이다. 나는 이 사실을 믿는다. 정민 선생도 이런 말을 했다.

세상에는 여러 종류의 사람이 있다. 한 번 척 보고 다 아는 천재도 있고, 죽도록 애써도 도무지 진전이 없는 바보도 있다. 정말 갸륵한 이는 진전이 없는데도 노력을 그치지 않는 바보다. 끝이 무디다 보니 구멍을 뚫기가 어려울 뿐, 한 번 뚫리게 되면 크게 뻥 뚫린다. 한 번 보고 안 것은 얼마 못 가 남의 것이 된다. 피땀 흘려 얻은 것이라야 평생 내 것이 된다.

_정민, 《미쳐야 미친다》

나는 도서관에서 최고의 인생을 사는 법을 배웠다.

이 세상은 매우 정직하고 정확하다는 사실도 배웠다. 적당히 일하며 적당히 사는 사람에게는 이 세상이 정확히 그렇게 적당히 대우를 해준다는 것도 배웠다. 반면 무엇인가에 목숨을 걸고 미칠 정도로 몰입하는 사람에게는 그만큼의 대우와 보상을 해주는 것이 바로 우리가 살아가고 있는 이 세상이라는 것도 배웠다.

그런 점에서 나는 '대여대취(大予大取)'라는 말을 좋아한다. 크게 버려야 크게 얻는다는 이 말은 적당히 하면서 살아가는 사람들에게 경종을 울린다.

《바보Zone》의 저자인 차동엽 신부는 이 책을 통해 바보처럼 꿈꾸고 바보처럼 상상하며 바보처럼 모험하라고 조언해준다. 바보만큼 크게 버리고 크게 얻는 사람이 또 어디 있을까? 그런 점에서 나는 바보들이 '대여대취'의 고수들이라고 생각한다. 대한민국에 학문 분야의 노벨상 수상자가 아직 한 명도 없는 이유는 머리가 좋은 사람들은 많지만 바보처럼 크게 버리는 사람이 없기 때문이라고 생각한다. 차동엽 신부도 여기에 대해 다음과 같이 서술했다.

> 세계적인 석학 및 거장들치고 어느 한 분야를 말 그대로 바보스럽게 (foolish) 천착하지 않은 인물이 없다. 우직하게끔 한 우물만을 깊고 넓게 팠기에 최고의 경지에 도달할 수 있었던 것이다. 그러기에 필자는 노벨상이 천재에게 주는 상이 아니라 최고 바보에게 주는 상이라고 생각한다. 바로 이 점이 대한민국이 걸출한 석학과 노벨상 수상자를 배출하는 데에는 아직 부진을 면치 못하고 있는 까닭이 아닐까 한다. 우리에게는 천재가 부족한 것이 아니라 진정한 바보가 모자란다는 얘기인 것이다.
>
> _차동엽, 《바보Zone》

도서관에서 배운 최고의 인생을 사는 법은 차동엽 신부의 바보처럼 살라는 주장과 일맥상통하는 부분이 있는 것 같다. 바보처럼 우둔하게 자신의 길을 가는 사람은 바꾸어 말하면 자신의 일에 완벽하게 미친 사람이기 때문이다.

나를 죽이지 못하는 것은
나를 강하게 만든다

"행복한 사람은 글을 쓰지 않는다."

어디선가 본 프란츠 카프카의 말이다. 하지만 나는 이 말에 찬성하지 않는다. 불행한 사람도 글을 쓰면 행복을 발견할 수 있고, 행복한 사람이 글을 쓰면 더 행복해진다고 믿기 때문이다. 언젠가 40대 대표로 참석한 '행복 토크 콘서트'에서 나는 이렇게 말한 적이 있다.

"행복한 삶이란 폭풍우를 피해 살아가는 삶이 아니라 빗속에서도 춤을 출 수 있는 방법을 알고 그것을 실천하며 살아가는 삶이다."

나는 도서관에서 만난 기적 덕분에 1년 6개월 동안 정확히 33권의 책이 출간되는 기록을 세울 수 있었다. 한국 사회를 통틀어 1년 동안 20권의 책을 출간해내는 작가가 몇 명이나 될까? 아마도 손에 꼽을 수 있을 정도인 것 같다.

하지만 무조건 책을 많이 출간한다고 해서 그것이 위대하거나 좋은 것이라고는 할 수 없다. 중요한 것은 그 책이 얼마나 많은 이들에게 사랑을 받느냐, 얼마나 많은 이들에게 영향을 줄 수 있느냐일 것이다.

하지만 나는 그보다도 더 중요한 것이 있다고 생각한다. 글을 쓰는 사람이 얼마나 행복하게 글을 쓰느냐, 즉 얼마나 즐기면서 신나게 전율을 느끼면서 글을 썼는지가 매우 중요한 사항이라는 것이다. 글을 쓴다는 것은 결국 자기 자신과의 대화이며 세상과의 소통이기 때문이다.

그런 점에서 그 책이 베스트셀러가 되고 안 되고는 큰 문제가 되지 않는다. 20년 혹은 30년을 글을 쓴 작가라면 책의 수준도 투자한 노력과 연습량만큼 높을 것이다. 세상 모든 일이 그럴 것이다.

그런데 나는 글을 쓰기 시작한 지 겨우 1년 6개월밖에 되지 않았다. 글쓰기에 대해 배운 적도 없고 따로 공부한 적도 없다. 그저 본능적으로 내면에서 뿜어져 나와 저절로 흘러넘치게 되어 글을 쓰는 사람, 즉 작가가 되어버린 것이다.

글을 많이 쓴다는 것, 혹은 적게 쓴다는 것은 중요하지 않다. 다만 나는 남들과 달리 짧은 기간 동안 너무 많은 책이 출간되었기 때문에 남들이 겪지 않은 일들을 많이 겪었다. 그중 하나가 악덕 출판사의 횡포이다.

생각해보자. 1년 6개월 동안 33권의 책이 출간되기 위해서는 그보다 몇 배의 글을 써야 하고, 출간 권수보다 더 많은 수의 계약을 해야 한다. 2012년 한 해 동안 나는 40곳의 출판사와 계약을 했다. 그런데 그때는 완전히 무명작가의 신분이었다. 그래서 비양심적인 출판사와 나쁜 출판 관행이 존재하는지 잘 알지 못했다. 계약한 시기에 출판이 되지 않거나 출판 자체가 취소되거나 다행히 책이 나왔지만 인세 보고와 지급이 지연되는 일들이 있었다.

그때마다 나는 출판사에 대해 진절머리가 나기도 했고, 사람에 대해 환멸을 느끼기도 했고, 작가로서 집필에 대한 의욕이 사라질 만큼 큰 상처와 아픔과 마음고생을 겪기도 했다. 하지만 이런 일들은 1년에 수십 권의 책을 출간한 작가가 아니면 경험하기 힘든 특별한 경우의 일이다. 하지만 이런 여러 가지 경험들은 다른 말로 하면 나를 강하게 해준 위대한 스승이다.

이러한 경험을 하지 않은 채 글을 쓰는 작가로 살아갈 수도 있다. 많은 작가들이 내가 겪은 것처럼 이런 다양한 경험을 하지 않는다. 그것은 나의 다작과 집필 속도를 악용하는 소수의 악덕 출판사로 인해 생겨난 일이기 때문이다. 나처럼 이렇게 짧은 기간에 수십 권의 책을 출간한 작가는 흔하지 않기 때문이다. 하지만 나는 후회하지 않는다. 잠시 집필에 대한 의욕이 사그라졌고 마음고생을 했지만, 그것으로 인해 나는 더욱더 강한 작가가 되었고 의식 역시 더욱더 강해졌다.

"나를 죽이지 못하는 것은 나를 강하게 한다"라는 누군가의 말이 생각난다. 그렇다. 나를 죽이지 못하고 나로 하여금 평생 절필하도록 만들지 못한 그들은 나를 강하게 해준 스승일 뿐이다.

그들로 인해 나는 더욱더 집필에 혼신을 다하게 되었고, 결과에도 연연하지 않게 되었으며, 집필에 대한 더욱더 확고한 철학도 가질 수 있게 되었다. 시련과 역경, 실패는 우리를 강하게 하고 성장시키는 위대한 스승이며 성장의 기회임을 나는 영국의 위대한 역사학자 아놀드 토인비(Arnold Toynbee)의《역사의 연구》라는 책을 통해 이미 알고 있었다.

그가 이 책을 통해 내세운 위대한 가설은 '문명의 성장은 계속되는 도전에 성공적으로 응전함으로써 이루어진다'는 것이었다. 나는 그가 주창한 '도전과 응전'의 역사가 바로 인류 문명 발달의 역사임을 확신한다.

인간의 본성은 어떤 점에서 다르지 않다. 누구든 만족스러운 현실에 안주하려는 속성을 가지고 있기 때문이다. 이것으로 인해 인간은 누구나 나태해질 수 있고, 어느 정도의 성공을 거둔 후부터는 더 이상의 도약이나 급격한 성장을 이루어내지 못한다.

인류의 문명도 살펴보면 그 어떤 도전이나 시련이 없는 곳에서는 환경이나 조건이 아무리 좋아도 더 이상 문명이 발전하지 못한다. 하지만 환경이나 조건이 열악하고 척박한 지역에서 지속적인 도전을 받으면 그곳에서 인류의 문명이 꽃을 피운다. 도전을 통해 인간은 나태함에서 벗어나 지속적으로 도약하고 성장하고 더 강해지고 더 지혜로워지기 때문이다.

그런 점에서 볼 때 실패나 시련, 도전과 문제는 결코 나쁜 것만이 아니다. 그러한 것들 없이 만사형통의 삶만 살게 된다면 나약해질 수밖에 없고, 어리석어질 수밖에 없는 것이 또한 인간이다.

위대한 인생이란, 만사불통(萬事不通)이지만 그러한 환경과 실패와 시련과 문제에 굴복하지 않고 더 강해지고 성장하고 발전하는 인생을 두고 하는 말이다. 이것은 애플 스티브 잡스(Steve Jobs)의 인생에서 살펴볼 수 있다. 스티브 잡스는 천재이며 위대한 혁신가이고, 애플은 최고의 창조적 기업이라고 생각하는 사람들이 많다. 하지만 그와 그가 창업한 회사 애플이 얼마나 많은 실패를 했고, 그러한 실패를 통해 위대한 천재 혁신가와 창조적인 기업이 출현할 수 있었는지에 대해 주목하는 이는 많지 않다.

그와 그의 회사가 얼마나 많은 도전을 하고, 얼마나 많은 실패를 했을까? 한마디로 실패의 대명사라고 표현해도 과언이 아닐 정도로 실패로 얼룩져 있다. 하지만 그러한 실패가 그를 죽이지 못했다. 그래서 실패가 그를 더욱 강하게 만들었고, 결과적으로 세기의 발명품에 버금가는 아이폰을 만들어낼 수 있었던 것이다.

1984년 애플 리사 개발 – 가격이 너무 비싸서 실패!

1985년 애플에서 쫓겨남 – 인생 실패! 경력 실패!

1993년 세계 최초의 PDA 뉴턴 개발 – 비싸고 휴대하기 불편. 실패!

1996년 비디오 게임 '콘솔' – 속도가 엄청나게 느림. 실패!

2000년 G4 큐브 – 성능 불량. 1년 만에 생산 중단. 실패!

위대한 정복자 칭기즈 칸에게서 우리가 배워야 할 것은 역경을 대하는 그의 자세인지도 모른다. 수많은 역경을 통해 위대한 역사적 인물이 된 그는 역경을 만날 때마다 다음과 같이 말했다고 한다.

"역경아! 이번에는 내게 어떤 선물을 주려고 하느냐?"

온실 속의 화초로 사는 인생은 결코 아름답지도 위대하지도 않다. 비가 오지 않고 맑은 날씨만 계속된다면 이 세상은 전부 사막이 될 수밖에 없다. 이런 기본 이치를 이해한다면 시련과 실패, 문제와 도전은 인생을 좀 더 풍요롭게 해주고, 강하게 해주고, 위대하게 해주는 좋은 도구라는 사실을 깨닫게 될 것이다.

성공, 능력이 아니라
의식의 크기가 결정한다

능력의 차이는 고작 5배를 넘지 않지만, 의식의 차이는 100배의 격차를 낳는다.

사람들은 흔히 범재와 천재를 구분하는 기준을 능력이라 생각한다. 그러나 나는 그렇게 생각하지 않는다. 세계에서 가장 빨리 달리는 사람도 평균보다 2~3배 이상 빠른 것은 아니다. 천재와 범재도 마찬가지다. 결국 범재와 천재를 가리는 것은 능력이 아닌 의식의 차이인 것이다. 능력은 5배 이상 차이가 나지 않지만 의식의 차이는 100배를 넘어 1000배 이상도 가능하다고 생각한다. 연봉이 1억 원인 사람도 있지만, 연봉이 500억 원 이상 되는 사람도 있다. 세계 최고의 연봉을 받는 사람은 3조 6000억 원이라고 하니 참으로 어마어마한 차이다.

결국 우리가 살아가는 시대는 남보다 더 빨리, 더 잘할 수 있는 '능력'이 중요한 시대가 아니라, 생각과 의식의 바탕이 되는 창의성과 아이디어, 상상력이 중요한 시대이다. 의식의 도약을 이룬 사람은 세계적인 인물이 되고, 세계 최고의 갑부가 되고, 인류의 삶을 도약시키는 혁신적인 제품과 네트워크를 만들어낸다.

_김병완, 《48분 기적의 독서법》

나는 믿는다. 인간을 향상시키고 성공하게 하고 부자가 되게 하는 것은 절대로 능력의 문제가 아니라 의식의 문제라는 것을 말이다. 그렇다면 의식은 무엇인가? 내가 생각하고 정의하는 의식은 '생각의 흐름' '생각의 덩어리'이다.

종일 우리를 사로잡고 우리에게 영향을 주는 생각의 흐름과 생각의 덩어리가 바로 의식이다.

그런데 나는 이러한 의식을 어떻게 가지고 있고, 그것이 얼마나 강하고 강력한가에 따라 그 사람의 성공과 부가 결정된다고 믿는다. 이러한 생각은 '생각의 힘' '시크릿' '끌어당김의 법칙' '피그말리온 법칙' '자기암시의 법칙' '자성예언의 법칙' 등에서 말하는 것과 비슷하지만 그것들보다 훨씬 더 생각과 의식에 집중되어 있다.

인디언 속담에 "하고자 하는 것에 대해 1000번을 되뇌어 말하면 그 소원이 이루어진다"는 말이 있다. 또 꿈을 종이에 1000번을 쓰면 그것이 반드시 이루어진다고 말하는 자기계발서도 있다.

이러한 것들이 의미하는 원리는 내가 생각하는 의식의 힘과 다르지 않다. 노트에 1000번을 쓰거나 1000번을 말하기 위해서는 생각과 의식이 그것에 집중돼야 한다. 의식이 하나의 주제나 사물에 집중될 때 우리는 눈에 보이는 것은 물론이고 보이지 않는 무의식까지 모두 그것에 초점을 맞추어 생각하고 행동하게 된다. 결국 그것은 이루어지게 된다.

초일류 글로벌 기업인 삼성전자와 세계적인 게임기 제조업체인 닌텐도의 성공 비결은 한마디로 '남다른 위기의식과 도전의식'이라고 할 수 있다.

삼성전자는 다른 기업들이 안주할 때 위기의식을 반복해서 강조했다. 그렇게 직원들에게 위기의식을 강조한 이유는 이건희 회장 스스로 남다른 위기의식을 가지고 있었기 때문이다.

"삼성은 지난 1986년도에 망한 회사입니다. 나는 이미 15년 전부터 위기를 느껴왔습니다. 지금은 잘해보자고 할 때가 아니라 죽느냐 사느냐의 기로에 서 있는 때입니다."

이건희 회장은 이러한 위기의식을 바탕으로 삼성을 그 어떤 회사보다 더 날렵하고 민첩한 스피디한 조직으로 만들고자 했다. 그는 '신경영 선언'을 통해 의식 개혁을 실행에 옮겼다.

"돌다리가 아니라, 나무다리라도 있으면 건너가야 합니다. 썩은 다리가 있으면 뛰어서 건너가야 합니다."

삼성전자는 이러한 남다른 생각과 의식으로 현재 세계 최고의 초일류 기업으로 자리매김할 수 있었다.

IMF 금융위기를 무사히 넘긴 유일한 재벌이 삼성이라고 할 수 있다.

IMF가 끝나고 1년 후인 2002년 삼성은 일본의 소니라는 막강한 초일류 기업을 앞지르는 가시적인 성과를 보여주었다. 그 덕분에 이건희 회장은 영국의 경제일간지 〈파이낸셜타임스〉로부터 '존경받는 세계 재계 리더'에 한국인으로는 처음으로 선정되기도 했고, 〈뉴스위크〉로부터 다음과 같이 리더십에 대한 좋은 평가를 받기도 했다.

삼성그룹의 지휘권을 물려받은 뒤로 이건희 회장은 대담한 리더십을 발휘해왔다. 유행의 선도를 중시하고 현실 안주를 기피하는 삼성 문화의 건설에 앞장서왔다. 전문가들은 삼성의 활기찬 생명력은 책임감, 디자인, 품질 관리를 개선한 그의 개혁에서 나왔다고 생각한다. 실제로 1993년 실시한 이 회장의 개혁 덕택에 삼성은 아시아의 금융위기 때 무사히 살아남았다. 오늘날 삼성의 주식 중 적어도 300억 달러어치는 외국인 투자자들이 소유하고 있다. 아마도 아시아의 어느 기업보다 많은 양일 것이다. 많은 투자자들은 틀림없이 삼성의 개방성과 자체 개혁의지에 매력을 느꼈을 것이다. 삼성의 부상이 워낙 인상적이다 보니 이제는 일본의 경제신문들도 삼성을 칭찬하기에 바쁘다.

삼성은 금융위기를 무사히 넘긴 유일한 재벌이었다. 한국 기업들의 모범이 될 만했고 실제로도 모범이 됐다. 현재 삼성은 한국 역사상 그 어떤 기업보다도 더 막강한 힘을 갖고 있다.

_〈뉴스위크〉, 2003년 11월 24일자

삼성을 이끈 것은 삼성이라는 조직 내부에 생긴 남다른 의식이었다고 생각한다. 위기의식, 실패를 두려워하지 않는 의식, 도전의식, 하면 된다는 의식, 세계 최고라는 당당한 일등의식 등이 지금의 삼성을 가능하게 만들었을 것이다.

내가 삼성에 입사한 후 배우고 체화한 것들 중 하나는 우리가 최고라는 의식, 언제나 위기는 계속된다는 위기의식이었다. 그리고 그러한 의식과 함께 멍청하게 가만히 있는 것이 최고의 실패이고, 무엇이라도 도전해서 실패하는 것은 실패가 아니라 성장이라는 의식도 중요하게 배운 것들이다.

대기업이 더 이상 성장하거나 민첩한 조직이 되기 힘든 이유 중 하나는 복지부동의 보신주의에 있다. 하지만 삼성은 이러한 보신주의를 철저하게 배척했다. 이건희 회장은 뭐라도 하다가 실패하는 사람이 오히려 더 큰 기회와 보상을 받는 조직으로 바꾸어놓았다. 그렇게 되자 '관리의 삼성'은 '도전의 삼성'으로 바뀌게 되었다.

"돌다리든 뗏목이든 나무다리든 뭐든지 건너라. 그래서 실패하면 상을 쥐라."

이건희 회장이 취임한 후부터 줄곧 외쳤던 말들 중 하나인 이 말은 안일주의에 빠졌던 관료 조직을 역동적이고 모험적인 동사형 조직으로 바꾸어놓기에 충분했다.

이런 측면에서 보면 닌텐도도 삼성과 다르지 않았다. 닌텐도가 세계적으로 뛰어난 게임기를 개발하고 세계 시장에서 승리자가 될 수 있었던 최고의 비결은 바로 위기의식이었다. 그들은 10년 전부터 게임 인구가 줄면서 큰 위기가 올 것이라는 것을 감지하고 위기의식으로 충만해져서 모든 해결책을 탐구하고 도전했기 때문에 지금까지 생존하고 발전할 수 있었다.

"우리는 위기의식에 휩싸였습니다. 망하지 않기 위해, 시장에서 살아남기 위해 모든 해결책을 찾기 시작했습니다. 그러한 위기의식이 결국에는 혁신적인 히트 상품을 만들어내게 해준 원동력이 되어주었습니다."

시카고대학교의 심리학과 교수인 사이언 베일락(Sian Beilock) 박사는 아주 재미있는 책을 세상에 내놓았다. 왜 어떤 사람들은 결정적 순간에 실수를 하고, 자신의 능력을 100퍼센트 제대로 발휘하지 못하고 능력이 마비되는가에 대해 탐구한 《부동의 심리학》이라는 책이다.

어떤 상황에도 긴장하지 않는 사람과 중요한 시험이나 시합을 치르는 순간 혹은 면접이나 프레젠테이션의 순간에 머리가 새하얗게 되어 시험이나 시합, 면접이나 프레젠테이션을 망치는 사람의 차이는 무엇일까?

이 책의 저자는 조금 복잡하고 어려운 뇌과학을 토대로 다양한 실험을 전개하며 이야기를 들려주고 있다. 이것을 내 나름대로 정리해보겠다.

그 차이는 바로 '의식의 차이'에서 빚어진다. 의식에는 우리가 느끼는 부분도 있지만 느끼지 못하는 무의식의 부분도 있다. 그러한 무의식의 존재와 영향으로 우리는 때로는 의도하지 않은 것을 선택하게 되고, 원하지 않았지만 행동하게 되는 것이다.

그렇기 때문에 걱정을 하는 순간 실패는 시작된다고 할 수 있다. 걱정이나 근심, 두려움, 스트레스와 같은 것들이 우리의 의식(무의식 포함)에 영향을 주어 실수를 하게 하고, 걱정했던 바로 그 행동이나 어리석은 선택을 하게 만들기 때문이다.

바로 이런 이유에서 의식이 능력이나 지식보다 훨씬 더 중요하다고 할 수 있다. 당신이 피하려고 애쓰는 그런 생각과 행동들, 즉 당신으로 하여금 걱정하게 만드는 그런 생각과 행동들로 인해 결국에는 그런 생각과 행동이 나타나는 것을 경험한 적이 있을 것이다. 그런데 그런 현상이 발생하는 이유는 바로 우리의 의식의 작용 때문이다.

웨그너는 우리가 어떤 일을 생각하지 않으려고 애쓸 때 실제로 두 가지 프로세스가 작용한다고 말한다. 하나는 정신을 집중할 새로운 화제를 찾는 의식적인 프로세스다. 그리고 원치 않는 생각을 찾는 무의식적인 프로세스도 존재하는데, 이것의 목적은 머릿속에서 원치 않는 생각을 물리치는 자신의 능력에 혹시 오류가 발생하지는 않았는지 확인하는 것이다. 이 두 가지 프로세스가 결합되면 대개의 경우 신경 쓰고 싶지 않은 주제를 피할 수 있고 대부분의 사람들은 이런 일을 상당히 잘해낸다. 하지만 긴장감 넘치는 상황에서는 이야기가 달라진다. 잘해내야 한다는 압박감이 생각을 돌릴 새로운 화젯거리를 찾는 의식적인 프로세스의 근원지인 전전두피질을 공격하는 것이다. 그렇게 되면 스트레스를 받는 상황에서는 무의식적인 프로세스, 즉 우리가 신경 쓰고 싶지 않은 주제를 찾아내는 일을 맡은 프로세스만 작용하게 된다고 웨그너는 말한다. 그 결과 말하지 않으려고 애썼던 바로 그 말을 불쑥 내뱉거나 피하려고 했던 바로 그 동작을 하게 될 확률이 높아지는 것이다. 긴장감이 심한 면접 상황에서 어떤 일을 생각하지 않으려고 애쓰는 것은 여러분이 할 수 있는 최악의 일일 수도 있다.

_사이언 베일락, 《부동의 심리학》

하버드대학교 심리학과 교수인 다니엘 웨그너(Daniel Wegner)는 왜 사람들이 피하려고 애쓰는 생각과 행동이 결국에는 아이러니하게 벌어지고야 마는지에 대해 평생을 연구한 사람이다. 그가 내린 결론은 스트레스와 같은 중압감을 받는 상황에서 인간은 무의식적인 프로세스, 즉 신경 쓰고 싶지 않은 주제, 원치 않는 생각과 행동을 다루는 프로세스만 작용하게 된다고 말하는 것이다.

동양의 고전에서도 비슷한 사례를 찾아볼 수 있다. 《장자》의 〈달생〉편에 보면 이런 이야기가 나온다.

헤엄을 잘 치는 사람이 노 젓는 법을 쉽게 배울 수 있다는 것은 그가 이미 물에 익숙하므로 물에서 자유롭기 때문이다. 잠수를 잘하는 사람이 배를 본 적이 없어도 곧 능숙하게 노를 저을 수 있는 것은 그가 깊은 물속도 땅 위의 언덕처럼 생각하고 배가 뒤집히는 것을 그저 수레가 뒤로 밀려난 정도로 여기기 때문이다. 그러니 그러한 상황이 눈앞에서 일어난다 하더라도 그것이 그의 마음을 전혀 어지럽히지 못한다. 이쯤 되면 그가 어떤 상황에 처한들 여유롭지 않겠느냐!

질그릇을 걸고 활쏘기 내기를 하면 차분한 마음으로 제 실력을 발휘할 수 있지만 금속으로 만든 띠고리를 걸고 활을 쏘면 자신을 믿지 못하고 두려워하는 마음이 생기고, 황금을 걸고 내기를 하면 머리와 마음이 모두 혼란해져 활을 더 잘 쏠 수 없게 된다. 그가 지닌 활솜씨는 본래 모두 같지만, 소중히 하는 물건이 생기면 곧 외물을 소중히 여기는 것이 되기 때문이다. 무릇 누구나 외물을 소중히 여기게 되면 그 자신의 속마음은 졸렬해지는 법이다.

_장자,《장자》

이 이야기가 우리에게 깨우쳐주는 교훈은 의식과 생각이 어떤 상태냐에 따라 무엇을 더 잘할 수도 있고, 더 못할 수도 있다는 사실이다. 바로 이런 이유 때문에 국가대표 양궁 선수들이 마인드컨트롤 훈련을 중요하게 여기는 것이다.

눈이 오거나 비가 올 때도, 관중들이 야유를 퍼붓거나 열광을 할 때도, 승리에 대한 희망이 완전하게 없을 때도 혹은 승리가 코앞에 다가왔을 때도 절대 마음이 흔들리지 않도록 훈련해야 한다. 그런데 그 능력은 바로 의식에서 나온다.

그래서 나는 능력이나 실력보다 의식이 강하고 높고 넓은 사람이 금메달을 따게 된다고 말한다. 그리고 이러한 원리는 세상의 모든 분야에 그대로 적용되기 때문에 모든 것은 능력의 문제가 아니라 의식의 문제라고 주장하고 있다.

《부동의 심리학》은 재미있는 현상에 대해 이야기한다. 여자들이 수학을 못하는 이유는 여자들의 지능이 떨어져서가 아니라 고정관념과 같은 의식에 영향을 미치는 요인 때문이라고 한다.

비슷한 예로 여성들이 중요한 일을 하고 중요한 지위에 있는 것을 많이 볼 수 있는 여자대학의 여성들이 종합대학의 여성들보다 더 공부도 잘하고 더 높은 지위에 올라가고 더 중요한 일을 하는 여성이 된다는 것이다.

이것을 쉽게 설명하면 여자대학의 여성들은 평소에 여성들이 중요한 지위에서 중요한 일을 하는 것을 자연스럽게 접하기 때문에 여성들도 남성들처럼 중요한 일을 하고, 중요한 지위에 오를 수 있다는 의식을 갖게 된다는 것이다. 그리고 그러한 의식이 결국에는 그 여성의 인생을 좌우한다.

'여자들은 수학을 못해' '흑인은 똑똑하지 않아' '백인은 점프를 잘 못해' 등 자신의 성별이나 인종 그룹의 성과와 관련한 부정적인 고정관념을 키우는 것만으로도 자기 불신의 악순환에 빠져들기에 충분하며, 이것은 눈앞에 주어진 과제를 수행하는 데 활용해야 하는 귀중한 두뇌 자원을 낭비하는 데 영향을 미친다. 말하자면 이런 고정관념을 의식하는 것만으로도 중압감으로 인한 초킹 현상(지각된 상황이나 지나친 분석에 의해서 발생하는 마비 현상이나 좋지 않은 결과)을 일으킬 수 있다는 얘기다.

_사이언 베일락, 《부동의 심리학》

고정관념은 의식의 중요한 한 부분이며 의식에 가장 큰 영향을 미치는 것들 중 하나이다. 그래서 고정관념이 너무 정형화되어 있고 부정적인 사회에서는 위대한 인물들이 많이 배출되지 못한다. 실력이나 능력보다 의식이 더 중요한 영향을 미치기 때문이다. 나는 우리나라에 학문 분야의 노벨상 수상자가 없는 이유도 한국 사회에 팽배해져 있는 고정관념과 한국 사회만이 갖고 있는 의식 때문이라고 생각한다.

　고정관념과 같은 의식의 중요성에 대해 이야기할 때 내가 자주 예를 드는 사례가 박지성, 박세리 선수와 로저 배니스터의 이야기다.

　박세리 선수가 처음으로 LPGA 대회에서 우승을 차지하자, 그것을 본 수많은 한국의 여자 골퍼들이 고정관념을 무너뜨렸다. '한국 여자 골퍼들은 세계무대에서 1등을 할 수 없어!'라는 고정관념에 사로잡혀 있었던 많은 여자 골퍼들이 박세리가 기적적으로 1등을 하는 것을 보고 그러한 고정관념에서 탈피하여 '한국 여자 골퍼도 세계무대에서 1등을 할 수 있어! 그래 나도 할 수 있어!'라는 새로운 의식을 갖게 되었고, 그날 이후로 한국의 수많은 여자 골퍼들이 세계무대에 나가서 좋은 성과를 거둘 수 있었다.

　이러한 현상은 박지성 선수에게서도 찾을 수 있다. 그가 한국인으로 세계무대에 나가서 좋은 활동을 보여주자 그것을 본 많은 축구 선수들이 '한국인도 세계무대에 나가서 잘할 수 있네!'라는 새롭고 담대한 의식을 갖게 되었다. 그러한 새롭고 강한 의식의 영향으로 많은 한국 축구 선수들이 세계무대로 진출할 수 있었던 것이다.

　영국의 육상 선수 로저 배니스터(Roger Bannister) 이야기도 빼놓을 수 없다. 나는 다른 책이나 강연에서 조지 배니스터 이야기를 자주 했다. 객관성을 위해 다른 작가의 책에 실린 내용을 인용하겠다.

> 전설적인 육상 선수 로저 배니스터는 세계 최초로 1마일 달리기에서 마의 4분 장벽을 깨뜨린 선수다. 그가 기록을 깨기 전까지 이른바 전문가라는 사람들은 4분 장벽을 인간 육체의 한계라고 믿었다. 그러나 배니스터는 그렇게 믿지 않았다. 배니스터가 4분 장벽을 깨뜨리자, 잇달아 수많은 선수가 기록을 경신했다. 배니스터의 믿음은 자신의 기록뿐 아니라 다른 수많은 육상 선수들의 기록까지 바꾸어놓았다.
>
> 배니스터가 역사적인 기록을 세운 지 한 달 만에 무려 10명의 육상 선수들이 다시 4분 장벽을 무너뜨렸다. 1년 뒤에는 37명이 그 한계를 넘었다. 그리고 2년 만에 그 숫자는 300명으로 늘어났다. 최초로 4분 장벽을 깨뜨리는 데 거의 5000년이라는 세월이 걸렸지만, 그 이후로 300명이 추가되는 데는 2년밖에 걸리지 않았다. 이것은 배니스터가 그 장벽을 무너뜨리는 것을 보고 다른 사람들도 그렇게 할 수 있다고 믿었기 때문이다. 한때 불가능했던 것이 이제 일상사가 되었다.
>
> _조원기, 《내 삶의 열정을 채워주는 성공학 사전》

이 이야기에서 꼭 배워야 할 교훈은 무엇인가를 할 수 없다고 생각하고, 그러한 생각이 그 시대의 고정관념이 된다면 그것을 극복하기가 매우 힘들다는 사실이다. 그리고 누군가가 그 고정관념을 깨고 할 수 있다는 것을 보여주면 다른 평범한 사람들도 모두 새로운 의식(할 수 있다는 의식)에 영향을 받게 된다. 그 결과 5000년 동안 해내지 못한 일을 2년 만에 수백 명이 해낼 수 있게 된다. 결국 문제는 능력이나 실력이 아니라 '의식'이다.

내면에 있는 힘의 위력에 관한 책이기도 한 데이비드 호킨스(David Hawkins)의 《의식혁명》에는 매우 심오한 의식에 관한 이야기가 담겨 있다.

사람은 자신이 살아가는 것은 자신이 통제할 수 있는 위력(force) 덕분이라고 생각합니다. 그러나 사실 그는 드러나 있지 않은 근원에서 나온, 자신이 아무런 통제력을 갖고 있지 못한 힘(power)에 지배당합니다. 힘은 노력이 필요 없는 까닭에 보이지 않고 드러나지 않게 움직입니다. 위력은 감각을 통해 경험되지만, 힘은 내적 앎을 통해서만 인지될 수 있습니다. 사람은 자신이 무의식적으로 가동시킨 엄청나게 강력한 끌개 에너지 패턴과 정렬함으로써 현 상태에 묶여 있습니다. 사람은 순간순간 위력의 에너지에는 구속당하고 힘의 에너지에는 추진되면서 현재의 진화 상태에서 부유하고 있습니다.

_데이비드 호킨스, 《의식혁명》

나는 이 책의 저자가 말하는 의식에 대한 주장에 대해 100퍼센트 찬성하는 것은 아니다. 어떤 부분은 반대한다. 하지만 '의식의 힘'에 대한 그의 주장에 대해서는 찬성한다. 누군가의 인생이 위대한 인생이 되는 것은 결국 의식에 관한 문제라는 점에 대해 나 역시 동의하기 때문이다.

> '의식의 지도'로 인해 역사의 진행 과정에 대해서도 새로운 조명이 가능하게 되었다. 가장 괄목할 만한 점은, 눈에 보이는 힘(force)과 인간에게 내재된 진실한 힘(power)을 구분할 수 있었다는 데에 있다. 예를 들어, 인도를 식민 통치하던 대영제국의 말기와 같은 역사의 한 시대를 이러한 연구 방법으로 탐구해볼 수도 있다. 그 당시의 영국은 자국의 이익만을 추구하고 타국을 착취하는 나라로서, 의식의 수치가 200 이하였다. 반면 마하트마 간디의 행동 동기는 보통 사람의 의식 범주에서는 거의 정상에 가까운 700의 수치를 보였다. 이 투쟁에서 간디가 이긴 것은 그가 가진 진실한 힘이 월등히 컸기 때문이다. 대영제국의 힘은 진실한 힘이 아니라 눈에 보이는 억지의 힘(175)이었고, 이 억지의 힘은 진실한 힘을 만나면 결국 패배하고 만다.
>
> _데이비드 호킨스, 《의식혁명》

진정한 힘은 외부의 힘이 아니라 내면의 힘, 즉 의식의 힘이다. 강하고 큰 의식을 가진 사람은 어떤 시련과 역경도 능히 극복해내며, 자신의 목적을 달성한다. 하지만 약하고 작은 의식을 가진 사람들은 작은 시련과 역경에도 쉽게 굴복당한다. 그 결과 약하고 작은 의식을 가진 사람들은 세상에 휘둘리며, 가을날 떨어지는 낙엽처럼 요동치는 가벼운 인생을 살게 된다.

사마천은 일찍이 죽음도 태산 같은 죽음이 있고, 깃털처럼 가벼운 죽음이 있음을 깨달았던 인물이다. 그리고 이것은 죽음에만 해당되는 것이 아니다. 태산 같은 삶이 있는 반면 깃털처럼 가벼운 삶도 있는 것이다. 그것을 가르는 것은 의식이다.

짐 콜린스(Jim Collins)의 《좋은 기업을 넘어 위대한 기업으로》라는 책을 읽으면서 나는 의식의 중요성에 대한 중요한 언급을 발견할 수 있었다. 다른 사람들이 나와 똑같은 책을 읽으면서도 전혀 다른 것을 발견한다는 것이 그렇게 놀랍지 않다. 인생을 살면서 똑같은 경험을 해도 전혀 다른 교훈과 느낌을 갖게 되는 것은 우리가 인간이기 때문이다.

나는 이 책을 통해 위대한 기업으로 도약할 수 있는 많은 기업들이 왜 그저 좋은 기업에서 성장을 멈추고 그 수준으로 머물고 있는가에 대해 알게 되었다. 나의 표현대로 하자면 그것은 능력의 문제 때문이 아니라 의식의 문제 때문이었다.

> 좋은 것(good)은 큰 것(great), 거대하고 위대한 것의 적이다.
>
> 그리고 거대하고 위대해지는 것이 그토록 드문 이유도 대개는 바로 그 때문이다.
>
> 거대하고 위대한 학교는 없다. 대개의 경우 좋은 학교들이 있기 때문이다. 거대하고 위대한 정부는 없다. 대개의 경우 좋은 정부가 있기 때문이다. 위대한 삶을 사는 사람은 아주 드물다. 대개의 경우 좋은 삶을 사는 것으로 족하기 때문이다. 대다수의 회사들은 위대해지지 않는다. 바로 대

부분의 회사들이 제법 좋기 때문이다. 그리고 그것이 그들의 주된 문제점이다.

_짐 콜린스, 《좋은 기업을 넘어 위대한 기업으로》

이 책의 본문 맨 처음에 나오는 유명한 문장이다. 좋은 것은 위대한 것의 적이라 말하고 있다. 그리고 위대한 학교가 없는 것도, 위대한 정부가 없는 것도, 위대한 삶을 사는 사람이 그토록 드문 이유도 모두 제법 좋기 때문이라고 한다. 제법 좋은 인생, 제법 좋은 회사, 제법 좋은 정부, 제법 좋은 학교에서 왜 사람들은 약속이라도 한 것처럼 성장과 도약을 멈추는 것일까?

그것은 바로 '이 정도면 제법 좋은 것'이며 '이제 괜찮다'라는 의식을 알게 모르게 갖기 때문이다. 그래서 '담대한 목표'가 필요한 것이다. 담대한 목표는 우리의 의식을 드높이고, 더 강하게 하고, 더 크게 만들어준다.

보통 사람들의 의식을 키우는 가장 좋은 방법 중 하나가 담대한 목표를 갖게 하는 것이다. 하지만 나는 의식이 큰 사람은 담대한 목표가 아니더라도 자신의 성장을 멈추지 않고 나아가는 경향이 있음을 발견했다.

수천 년 전 동양의 현인이었던 공자와 같은 경우 의식이 깨어 있는 사람이다. 그는 목표 실현이 어려워지고 뜻을 이루지 못한다 해도 좌절하기보다는 무엇인가에 몰두하여 정진하는 것을 멈추지 않는다. 성균관대학교 신정근 교수가 쓴 《불혹, 세상에 혹하지 아니하리라》란 책에 보면 공자의 이런 모습이 상세하게 설명되어 있다.

공자가 조국 노나라에서 뜻을 이루지 못해 전국을 돌아다닐 때였다. 초나라의 섭공이 공자의 숙소로 찾아왔다. 그는 먼저 자로를 만나 공자가 어떤 사람인지 물었다. 자로는 자신의 대답이 스승에 대한 경솔한 평가가 될까 봐 아무런 대답을 하지 못했다. 이 이야기를 전해 들은 공자는 이렇게 말했다. "자네는 왜 이렇게 이야기하지 않았는가. '그 사람의 됨됨이는 말입니다. 한 가지 주제에 깊이 열중하다 보면 밥 먹는 것도 잊어버리고, 나아가는 길에 즐거워하며 삶의 시름마저 잊어버려서 앞으로 황혼이 찾아오는 것조차 의식하지 못한 채 늘 실마리를 찾고 있습니다.'"

_신정근,《불혹, 세상에 혹하지 아니하리라》

다시 말해 공자의 위대함은 공자가 정치를 통해 세상을 바꾸기 위한 담대한 목표를 가지고 세상을 돌아다녔지만 어느 나라에서도 그 뜻이 받아들여지지 않아 오랜 시간 방황했음에도 불구하고 끝까지 좌절하지 않고 면학과 교육에 모든 에너지를 쏟아부어 스스로를 정진했다는 점에서 나타난다. 자신의 목표가 실현되지 않았고 나이도 많이 먹었고 모아놓은 재산이나 사회적 지위 같은 것도 없는 상황에서, 다시 말해 그는 최악의 상황에서도 새로운 인생을 개척해나갔다. 그리고 동양인 중에서 가장 영향력 있는 고대 철학자가 되었다.

그로 하여금 위대한 인생을 살 수 있게 해준 것은 담대한 목표가 아니라 그것을 초월하고, 세상의 다른 모든 것들을 초월할 수 있도록 한 위대한 의식이다. 그가 가진 남다른 의식을 볼 수 있는 어록을 몇 가지 살펴보자.

공자가 말했다. "선비가 도에 뜻을 두고도 남루한 옷과 형편없는 음식을 부끄러워한다면 그 사람과 더불어 도를 논할 수 없다."

공자가 안연에게 말했다. "쓰일 때는 나아가 도를 행하고, 쓰이지 않으면 물러나 은거하는 일은 오직 나와 너만이 할 수 있다." 그 말을 듣고 자로가 말했다. "스승님께서 군사를 거느리신다면 누구와 함께하시겠습니까?" 공자가 말했다. "아무것도 없이 호랑이를 잡으려고 하고, 아무것도 없이 강물을 건너려다 죽어도 후회하지 않을 사람과는 함께하지 않겠다. 반드시 일에 임하여 두려워하고, 계획하기를 좋아하여 일을 이루는 사람과 함께할 것이다."

_심범섭, 《365일 매일 읽는 논어》(54쪽, 116쪽에서 재인용)

내가 가장 크게 감명을 받은 그의 어록 중 하나는 《논어》〈학이〉편에 나오는 이 말이다.

"공자가 말씀했다. '남이 나를 알아주지 않는 것을 고민하지 말고, 내가 남을 알지 못하는 것을 근심해야 한다.'"

공자가 위대한 인생을 살아낼 수 있었던 것은 능력이나 학식 때문이 아니라 남다른 의식 때문이었다. 남과 다른 의식 때문에 더욱더 나아갈 수 있었고, 멈추지 않았고, 세상의 헛된 부귀영화보다 참된 앎을 추구할 수 있었다.

도서관의 두 번째 선물:

대체 불가능한
사람이 되는 법

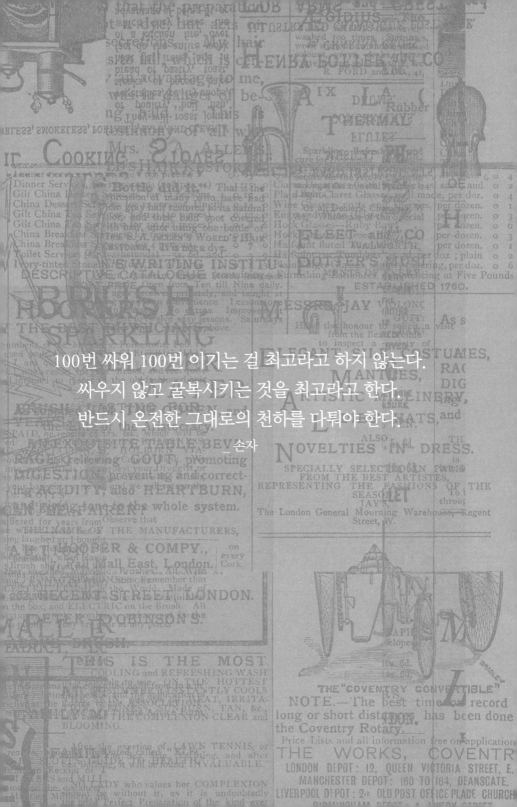

100번 싸워 100번 이기는 걸 최고라고 하지 않는다.
싸우지 않고 굴복시키는 것을 최고라고 한다.
반드시 온전한 그대로의 천하를 다퉈야 한다.

— 손자

왜 자꾸 나를
좁디좁은 세상의 틀에 가두는가

손자가 말하기를, 병법은 적국을 온전히 보존하면서 이기는 것을 으뜸으로 치고 적국을 쳐부수는 건 그다음이다. 적군을 온전히 보존하면서 이기는 것을 으뜸으로 치고, 적군을 전멸시키는 건 그다음이다. 그래서 100번 싸워 100번 이기는 걸 최고라 하지 않는다. 싸우지 않고 굴복시키는 것을 최고라 한다.

_손자, 《손자병법》

나는 이 책을 읽는 독자들에게 자신의 능력을 향상시키고 스펙을 쌓고 자기계발에 목숨을 걸라고 조언하고 싶지 않다. 하지만 최소한 그리고 반드시 '남과 비교 불가능한 사람'이 되라고 말하고 싶다.

'비교 불가능한 사람'이 된다는 것은 자기만의 길을 개척하고 그 길을 간다는 것을 의미한다. 그리고 피 튀기는 레드 오션에서 벗어나, 즉 남들과의 치열한 경쟁에서 벗어나 블루 오션에서 삶을 즐기며 살아감을 의미한다.

이렇게 사는 사람들, 즉 '비교 불가능한 사람'들이 어디 있느냐고 반문하는 독자들이 있다면 나는 그런 사람들이 의외로 적지 않다고 답하고 싶다. 안철수 의원, 시골 의사 박경철, 반기문 총장, 가수 싸이, 공병호 소장, 이시형 박사, 김정운 교수, 백지연 아나운서, 손미나 아나운서 등은 모두 비교 불가능한 사람들이다. 그래서 이들은 모두 자신의 분야에서 1등이다. 비교할 대상이 없기 때문이다.

이들은 자신을 직장이나 직업이라는 세상이 제시하는 틀 속에 가두지 않았다. 안철수 의원이 자신을 의대 교수나 벤처기업 CEO라는 직업이나 직장이라는 틀 속에 가두었다면 지금의 그는 존재하지 않았을 것이다.

시골 의사 박경철도 마찬가지다. 자신을 의사라는 세상이 제시한 틀 속에 가두었다면 우리는 그에 대해 알지 못했을 것이다. 그런데 그는 세상이 제시해준 틀을 과감하게 깨뜨렸다.

공병호 소장도 마찬가지다. 직장인이라는 틀을 깨고 작가와 강연가로 변신했고, 그것도 모자라서 연구소를 차려 많은 이들과 조직을 변화시키고 있다.

이시형 박사도 마찬가지다. 대학교수라는 틀을 벗어던지고 자신이 하고 싶은 일, 남들이 가지 않는 길을 스스로 개척해서 왕성하게 활동하고 있다.

김정운 교수 역시 비교 불가능한 사람이다. 나이 50에 제멋대로 살아보고 싶어 대학교수라는 멀쩡한 직장을 헌신짝 팽개치듯 버리고 나와 재미있게 살아보기로 결단하고 지금 재미있게 살아가고 있다. 그런데 그렇게 재미있게 살아가다 보니 성공할 기회가 훨씬 더 많이 오더라는 것이다. 그는 불안해서 열심히 하는 것보다 즐거워서 열심히 하는 인생을 선택했다. 그는 지금 '여러 가지 문제 연구소' 소장이다.

백지연 아나운서도 비교 불가능한 사람이다. 2003년 국내 아나운서 최초로 프리랜서 앵커를 선언하고 자유롭고 영향력 있는 방송인으로 멋지게 살아가고 있기 때문이다.

손미나 아나운서도 비교 불가능한 사람이다. KBS 24기 공채 아나운서로 아나운서의 삶을 살다가 돌연 직장에 사표를 썼다. 그녀는 가슴이 부르는 소리를 듣고 여행작가와 소설가로 변신하여 비교 불가능한 인물이 되었다. 그녀는 똑같은 일을 반복하며 매너리즘에 빠져 살아가는 그런 직장이라는 틀 속에서 과감하게 탈피하여 항상 변화를 추구할 수 있는 자유로움을 선택했다. 용감하고 담대한 선택이 그녀로 하여금 비교 불가능한 인물이 될 수 있게 해주었던 것이다.

비교 불가능한 사람이 되는 것이 왜 중요할까? 어떤 유익함이 있을까? 나는 비교 불가능한 사람은 손자가 오래전에 《손자병법》을 통해 말한 최고의 승리를 추구할 수 있다고 믿는다. 그래서 비교 불가능한 사람에게는 타의 추종을 불허하는 유익함이 있다고 생각한다.

"100번 싸워 100번 이기는 걸 최고라고 하지 않는다. 싸우지 않고 굴복시키는 것을 최고라고 한다."

　손자가 말한 싸우지 않고 이기는 것이 최고의 승리라고 할 때, 비교 불가능한 사람은 타인과의 경쟁을 포기함으로써 이 승리를 거머쥔다고 할 수 있다. 즉 싸움을 통해 피를 흘리고 끊임없이 무한경쟁의 압박과 스트레스 속에서 살아가야 하는 인생에서 벗어나, 타인과 비교하지 않고 경쟁하지 않고 자기만의 길을 즐기며 신 나게 살아가면서 훨씬 더 큰 부와 명예와 성공을 얻게 되는 것이기에 최고의 승리라고 할 수 있다. 비교 불가능한 사람이 되는 것은 바로 이런 이유에서 싸우지 않고 이기는 방법이 된다.

　나 역시 계속 직장을 다녔다면 대기업에서 임원이 되어야 했을 것이다. 내가 임원이 되었다면 그 누군가는 임원이 되지 못했을 것이고, 임원이 된 후 역시 다른 임원들과 피 터지게 업적 경쟁을 해야 했을 것이다.

　물론 직장생활이 나쁘다는 것은 아니다. 자신의 적성과 재능이 그 분야에 있다면 충분히 직장 속에서도 비교 불가능한 사람이 되는 길을 찾을 수 있다. 그것은 수천 가지다. 하지만 나는 직장생활에서가 아닌 자유로운 집필과 강연 생활 속에서 비교 불가능한 사람이 되는 길을 발견했고, 그 길을 가고 있을 뿐이다.

　그렇다면 평범한 우리는 어떻게 해야 비교 불가능한 인간이 될 수 있을까? 탁월한 능력을 타고나거나 신기에 가까운 천재성을 타고나야 하는 것은 아닐까? 나의 대답은 누구나 가능하며 굳이 탁월한 능력이나 신기에 가까운 천재성을 갖출 필요도 없다는 것이다.

《보랏빛 소가 온다》의 저자이기도 한 세스 고딘은《린치핀》을 통해 대체 불가능한 사람이 되어야 한다고 주장하면서, 매일 조금씩 스스로를 대체 불가능한 인물로 만들어가야 하고 또한 만들어갈 수 있다고 언급했다.

어느 누구도 거대한 기계의 톱니바퀴가 되기 위해 태어나지는 않았을 것이다. 하지만 우리는 모두 톱니바퀴가 되도록 '훈련'받았다. 이제 톱니바퀴가 되지 않아도 살 수 있는 방법이 생겼다. 린치핀이 되는 길을 따라 한 걸음씩 나아가는 것이다. 이 과정은 우리를 꼭 필요한 존재, 없어서는 안 되는 존재로 만들어준다. 의식적인 노력을 통해 스스로 중요한 존재로 거듭날 수 있다. 어떤 일이든 처음이 가장 어렵다. 린치핀이 되는 첫 단계는, 이것이 '기술일 뿐'이라는 사실을 이해하는 것이다. 여느 기술과 마찬가지로 반복하다 보면 누구나 잘할 수 있다. 나를 린치핀으로 이끄는 예술, 관계 맺기의 재능에 주의를 기울인다면 매일 조금씩 스스로를 대체 불가의 존재로 만들어갈 수 있을 것이다.

_세스 고딘,《린치핀》

세스 고딘의 말은 평범한 사람들이라도 반복과 훈련을 통해 비교 불가능한 사람, 대체 불가능한 사람이 될 수 있다는 것이다. 그것은 기술의 문제다. 이에 덧붙여 세스 고딘은 안정은 실패의 다른 이름일 뿐이라고 말하고 있다.

나는 사회와 학교가 만들어놓은 시스템이라는 틀 속에서 굴욕적 안정을 선택하면서 살아왔다. 그러나 5년 전 스스로 비교 불가능한 자기만의 인생길을 개척하며 살기 시작했고, 그 결과 5년도 채 안 되어 '신들린' 작가로 불리게 되었다.

틀 속에 자신을 가두지 말아야 하는 또 다른 이유를 굳이 말하자면, 자기 자신만의 인생길을 스스로 개척해나갈 때 참된 삶의 의미와 가치를 창출할 수 있기 때문이다. 이것은 단지 세스 고딘이 말한 대체 가능한 평범한 톱니바퀴에서 특별한 린치핀이 되는 것보다 훨씬 더 큰 의미와 가치가 있는 이유이다.

다시 말해 인생이 아름다운 이유는 열정이 있기 때문이다. 그런데 틀 속에 자신을 가두고 자신의 천재성, 잠재력, 예술성을 모두 억압하며 주어진 일만 매일 반복하는 삶 속에서는 열정이 살아 숨 쉴 수가 없다. 겨우 생명을 부지하는 수준일 것이다.

하지만 틀 속에서 과감히 벗어나 자기 자신을 마음껏 발산할 때 우리 내면에 있는 엄청난 것들이 살아 숨 쉬는 상태를 초월하여 무궁무진한 하늘을 마음껏 날아다닐 수 있다. 인생의 의미와 가치, 아름다움은 바로 여기에 있지 않은가?

세상은 정직하고 정확하다. 누가 아름다운 인생을 살고 의미와 가치가 있는 인생을 만들고 개척하며 살고 있는지 정확히 평가한다. 그리고 그 평가에 따라 세상의 좋은 것들을 나누어준다.

누군가 이미 만들어놓은 틀 속에서 매일 타인에 의해 주어지는 일을 반복하며 살아가는 사람과 매일 스스로를 벼랑 위에 세우고 날마다 뛰어내리는 모험과 도전을 펼치며 인류 역사상 아무도 도전해본 적이 없는 그런 일에 스스로를 던지는 사람, 이 둘 중에 어떤 사람이 더 가치 있고 더 아름다운 인생을 만들어가는 것일까?

비교 불가능한 사람들은 모두 후자의 인생을 살아가고 있는 사람들이다. 바로 이런 이유에서 그들은 비교 가능한 사람들보다 훨씬 더 큰 부와 명예를 얻는다.

'린치핀'과 같은 대체 불가능한 사람, 비교 불가능한 사람에 관한 이야기가 최근에 나온 것은 아니다. 공자도 비슷한 말을 한 적이 있다. 《논어》〈위정〉편을 보면 이런 말이 나온다.

"공자가 말했다. '군자는 그릇처럼 한 가지 용도만 있는 것이 아니다(君子不器).'"

나는 이 말에서 '자신을 틀 속에 가두지 말라'는 느낌을 강하게 받았다. 자신이 의사가 되거나 변호사가 되면 그 전문 직종에 갇혀서 그 일만 평생 하게 되는 경우가 있다. 많은 사람이 인생의 초반에 선택한 직업이나 직종에서 평생 벗어나지 못하고 그것만 하면서 살아가고 있다.

하지만 공자는 일찍이 "군자는 한 가지 용도에 매몰되어서는 안 된다"고 말한 것이다. 그렇지만 많은 현대인이 너무나 바쁜 생활을 하면서 하루하루를 살아가고 있다. 이런 바쁜 삶 속에서 과연 얼마나 많은 성공과 부의 기회를 스스로 만들어나갈 수 있을까?

나의 삶을 되돌아볼 때 성공과 부 혹은 최고의 인생과 비교 불가능한 사람이 되는 기회를 만들 수 있는 시간은 바쁘게 살아갈 때가 아니라 잠시 직장인이라는 인생의 발걸음을 멈추고, 길에서 벗어나 도서관이라는 숲 속을 거닐 때였다.

도서관에서 살아 숨 쉬고 있는 수많은 책의 숲 속에서 그 공기를 마시며 책이라는 한 그루의 나무와 만나 소통할 때 지금까지 나를 옭아맨 사고의 틀, 직업의 틀, 고정관념의 틀, 의식의 틀에서 벗어날 수 있었다. 그토록 많은 이들이 도서관에서 새 삶을 발견하고, 새로운 인생을 살아갈 사고와 의식을 얻었던 이유가 바로 여기에 있다.

그렇기 때문에 책을 읽는다는 것은 자신의 사고의 틀을 깨부순다는 것을 의미해야 한다. 어떤 이는 책을 많이 읽었음에도 인생이 달라지지 않는다고 하소연한다. 하지만 이들은 책을 읽은 것이 아니라 지식만 확장시켰던 것이다. 책을 읽는다는 것은 결코 지식만 확장시키거나 책을 읽는 그 행동을 경험하는 것만을 의미하지 않는다.

책을 읽는다는 것은, 진정으로 잘 읽는다는 것은 자신이 가진 사고의 틀을 과감하게 깨부수고, 세상이 제시하는 정형화되고 표준화된 고정관념에서 벗어난다는 것을 의미한다. 바로 이런 이유 때문에 책을 통해 인생을 바꾼 사람들은 모두 자신을 세상의 고정관념에서 벗어나게 할 길을 발견하고, 그 길로 걸어갔다.

127년 동안 인류는 선풍기에는 날개가 있어야 한다고만 생각했다. 하지만 누군가가 '왜 선풍기에 꼭 날개가 있어야만 하는가?'라는 생각을 하면서 날개 없는 선풍기가 탄생했다.

중국보다 더 경제성장이 덜된 인도라는 나라에 억만장자가 중국보다 훨씬 더 많은 이유는 무엇일까? 나는 인도인들이 세상이 제시하는 고정 관념의 틀에서 가장 혁신적으로 벗어날 줄 아는 사고력을 가진 민족이기 때문이라고 생각한다. 그들의 놀라운 혁신적 사고력을 알 수 있는 가장 대표적인 사례는 인류에게 '영(0)'이라는 숫자의 개념을 처음으로 제시한 것이다.

1922년부터 인류는 세계에서 가장 높은 산인 에베레스트를 정복하기 위해 끊임없이 시도해왔다. 하지만 그 산을 정복하는 인간의 수는 기껏해야 1년에 2명에서 3명뿐이었다. 아무리 많은 이들이 도전해도 그 산을 정복하는 사람의 수는 1년에 3명을 넘기기 힘들었다. 이는 60년 이상 지속되었다.

그러다가 놀라운 사건이 일어났다. 1988년을 기준으로 해서 그전에는 1년에 고작 3명 정도만이 그 산을 정복했지만, 1988년 이후부터 그 산을 정복하는 사람들의 수가 기하급수적으로 늘어나기 시작한 것이다.

즉, 1988년 이전에는 고작 2명에서 3명 많아야 4명이었다. 1987년에도 2명밖에 에베레스트 정상을 밟지 못했다. 하지만 1988년에 무려 50명이 그 산의 정상을 밟았고, 그 후로 성공한 사람들의 숫자가 72명, 90명, 129명으로 늘어났다.

그 이유는 무엇이었을까? 한마디로 고정관념의 틀에서 벗어났기 때문이다. 1988년 이전까지는 에베레스트를 등정하고자 하는 모든 원정대는 해발 2000~3000미터 지점에 베이스캠프를 설치했다고 한다. 하지만 1988년에 어떤 한 팀이 해발 5000미터나 되는 높은 곳에 베이스캠프를 설치했다. 그러자 성공 확률이 갑자기 엄청나게 높아져 버렸다. 그래서 그 팀은 등정에 성공했다. 그것을 본 다른 팀들 역시 하나같이 그것을 따라 했다. 그러자 한 해에 기껏해야 2명이 성공하던 어려운 일이 50명 이상 성공할 수 있는 쉬운 일로 바뀌어버렸다.

해발 2000미터의 낮은 지대에 베이스캠프를 설치하던 고정관념을 깨버리고 해발 5000미터의 고지대에 베이스캠프를 설치함으로써 성공 확률이 수십 배 높아진 것이다.

1마일을 4분 안에 뛰는 것은 인간에게 불가능하며 만약 그러면 심장이 파열되어 죽게 된다는 고정관념이 인류를 사로잡은 때가 있었다. 스포츠 전문가들과 의학자들도 "인간이 1마일을 4분 안에 돌파할 수도 없으며, 그렇게 하면 폐와 심장이 파열되고 심한 스트레스와 긴장으로 뼈가 부러지고 관절이 파열되며 근육과 인대, 힘줄이 찢어진다"고 경고했다. 이러한 고정관념 때문에 수십 년 동안 1마일을 4분 안에 돌파하는 사람은 아무도 없었다.

하지만 앞서 언급했던 것처럼 로저 배니스터가 그 고정관념을 깨어버리자, 1마일을 4분 안에 돌파하는 선수들이 갑자기 늘어 수백 명이 무더기로 쏟아져 나왔다.

우리의 한계를 결정짓는 것은 육체적 · 물리적 조건이나 환경이나 부족한 실력이나 능력이 아니라 우리 사고의 틀이며, 고정관념의 틀이다. 인생에 정답은 없다. 자신의 선택이 정답이 될 수 있도록 만들어나가야 한다. 자신의 선택이 정답이었음을 자기 인생을 통해 보여주는 사람이 되어야 한다. 책 속에서 만날 수 있는 위대한 인물들이야말로 바로 그러한 삶을 직접 보여준 이들이다.

궁형을 당했던 사마천, 평생 집 잃은 개처럼 문전박대를 당한 공자, 세상을 버리고 산속으로 떠난 노자, 괴팍한 성격으로 자신이 창업한 회사에서 쫓겨난 스티브 잡스, 하버드대학교를 1학년 때 자퇴한 빌 게이츠, 학창시절 꼴찌만 했던 윈스턴 처칠, 평생 거리의 철학자로 살았던 에릭 호퍼…….

과연 누구의 인생이 정답이라고 할 수 있을까? 이들은 모두 자신의 선택이 정답이 되도록 자기 자신만의 길을 개척하며 만들어나갔던 인물들이다.

나만의 스토리,
나만의 콘텐츠가 있는가

　도서관에서 비교 불가능한 사람이 되기 위해서는 자기만의 독특하고도 엄청난 스토리와 콘텐츠를 만들어야 한다. 자신이 만든 스토리와 콘텐츠가 비교 불가능한 것일수록 그 주인공 역시 비교 불가능한 존재가 된다.

　내가 도서관에서 비교 불가능한 사람이 된 가장 큰 이유는 엄청난 공부와 독서 때문이었다. 그를 통해 조금씩 남다른 사람이 되어가고 있다는 사실을 그 당시에는 제대로 알지 못했다. 아니, 조금도 깨닫지 못했다.

　그저 신들렸다거나 미쳤다는 말을 들을 만큼 독서에 몰입했을 뿐이다. 그리고 이 열정과 광기는 결국 나 자신만의 독특한 스토리와 콘텐츠로 변신하여 내게 주어졌다.

　평범한 사람이, 그것도 이미 인생의 많은 시간을 다른 것을 하면서 보낸 사람이 어떻게 해야 자기만의 스토리와 콘텐츠를 만들어낼 수 있을까? 가장 쉬운 방법은 무엇일까? 간단히 답하자면 비법은 '엄청난 공부'를 하는 것이다. 엄청난 공부란 엄청난 독서와 사색과 여행과 경험을 일컫는다.

자기만의 막강한 스토리와 콘텐츠를 만들기 위해 노력하지 않아도 되는 사람은 이 세상에 단 한 명도 없다. 아무리 자신의 인생 스토리와 경험이 남다르다고 해도 그것을 세상에 효과적으로 전달하기 위해서는 많은 책을 읽어 자신의 사고력을 향상시켜야 하기 때문이다.

헬렌 켈러나《죽음의 수용소에서》의 저자인 빅터 프랭클,《안네의 일기》를 쓴 안네 프랑크와 같은 사람들은 그 인생 자체가 엄청난 스토리이며 콘텐츠이다. 하지만 그들도 자신의 인생을 글로 남기기 위해 많은 책을 읽고 많은 생각을 해야 했다. 그리고 그들은 실제로 그렇게 했던 사람들이다.

생각해보라. 나치에 끌려가 죽음의 수용소에서 빅터 프랭클 박사가 겪은 일과 똑같은 경험을 한 후 생존한 이들이 한두 명은 아닐 것이다. 나치를 피해 골방에 숨어서 숨죽이며 살았던 유대인 또한 한두 명이 아닐 것이다. 하지만 책을 통해 비교 불가능한 유일한 존재로 거듭난 사람들은 이들과 같은 소수였다. 핵심은 많은 책을 읽고 많은 생각을 해서 자신을 성장시키는 것이다. 그리고 그러한 성장의 원동력은 바로 공부이다. 엄청난 공부를 통해 자신의 의식을 키우는 것이다. 그렇게 의식이 높아지고 커지면 결국 자신의 인생도 그것에 따라 높아지고 커지게 되어 있다.

이런 원리를 설명할 때면 나는 장자의 이야기를 곧잘 소개한다.《장자》

의 내편(內篇)인 〈소요유(逍遙游)〉편에 나오는 대목을 보면 의식을 높이는 것이 왜 중요한지를 알 수 있다.

> 괸 물이 깊지 않으면 큰 배를 띄울 힘이 없습니다. 물 한 잔을 방바닥 우묵한 곳에 부으면 그 위에 검불은 띄울 수 있지만, 잔을 얹으면 바닥에 닿아 버리고 맙니다. 물이 얕은데 배가 너무 크기 때문입니다. 바람이 충분하지 못하면 큰 날개를 띄울 힘이 없습니다. 구만 리 창공에 오른 붕새는 큰 바람을 타야 푸른 하늘을 등에 지고 거침이 없이 남쪽으로 날아갑니다.
>
> _장자, 《장자》

엄청난 경험, 엄청난 사색, 엄청난 독서를 통해 우리는 우리 내면의 물을 채울 수 있고, 바람을 키울 수 있다. 그래서 자신이 채운 그 물과 바람의 양만큼 자신의 인생을 드높일 수 있다.

그러므로 공부하지 않는 사람은 절대로 높은 인생, 큰 인생, 넓은 인생, 위대한 인생을 살아갈 수 없다. 아무리 능력이나 지식이나 재주가 출중하다 해도 결국에는 평범한 삶에서 벗어나지 못한다. 괸 물이 깊지 않기 때문이다.

하지만 재주가 출중하지 못하고 능력이나 지식이 남들보다 부족해도 위대한 인생을 산 이들이 적지 않다. 그런데 이들이 능력과 지식, 재주가 부족한 속에서 성공적이고 위대한 인생을 산 이유는 바로 괸 물이 깊으며 내면에 축적한 바람이 크기 때문일 것이다.

괸 물이 깊고 바람이 충분한 이유는 엄청난 공부 때문이다. 당신은 얼마나 공부를 했는가?

학교에서 한 공부는 여기서 말하는 공부와 본질적으로 다른 공부라는 점에 유념하자. 학교 공부는 조금 심하게 말해서 참된 공부는 아니다. 쉽게 설명하자면 조선 시대 선비들이 했던 공부가 참된 공부이다.

그리고 그들의 공부 덕분에 후손들에게 이어진 우수한 DNA 때문에 한강의 기적과 한국의 경제 성장이 가능했다고 생각한다. 조선 선비들의 엄청난 공부가 한민족에게 깊은 괸 물이 되어주었고, 강한 바람이 되어주었기 때문이다.

우리나라를 벤치마킹한 나라들이 수없이 많지만, 한강의 기적이나 새마을운동이나 한국의 경제 성장만큼 엄청난 도약을 이룬 나라는 하나도 없다. 그 이유는 그들의 괸 물과 바람의 깊이와 강도가 우리와 다르기 때문이다.

눈에 보이는 지식이나 능력이 아무리 뛰어나다 해도 토대가 되는 괸 물이 깊지 않다면, 그리고 바람이 강하고 크지 않다면 어떻게 큰 배를 띄울 수 있고 높은 하늘로 오를 수 있겠는가?

엄청난 경험을 통해 자신을 성장시키는 방법에는 세 가지가 있다. 즉 진짜 공부는 세 가지다. 그저 살면서 경험을 하는 것, 여행을 통해 경험의 폭을 넓히는 것, 독서를 통해 경험의 폭과 깊이와 넓이와 속도를 높이는 것이다.

100년의 인생 경험을 한 사람들은 20대나 30대보다는 훨씬 더 큰 지혜를 갖고 있다. 그러나 이때는 나이의 제약 때문에 그 좋은 지혜를 펼치기가 힘들다.

100년 동안 평범한 인생을 살면서 경험하고 배우는 것을 여행이라는 도구를 통하면 10년 정도에 할 수 있다. 그러나 10년 동안 여행만 다닐 수 있을 정도로 여유 있는 사람은 많지 않다. 생업을 뒤로 미루고 경력 관리나 인맥 관리도 포기한 채 10년 동안 여행만 할 수 있는 이는 극소수일 것이다.

그런데 10년의 여행을 통해 배우고 익힐 수 있는 진짜 공부를 독서라는 도구를 활용하면 1~3년이면 충분히 해낼 수 있다. 그런 점에서 나는 독서가 최고의 공부 방법이라고 생각한다.

독서는 여행이나 평범한 삶보다 투자 대비 수익률이 수천 혹은 수만 배 높다. 이는 최고의 투자이다. 여행에는 수천만 원의 돈이 들 수 있지만, 독서는 수백만 원이면 가능하고 국·공립 도서관을 이용할 경우 거의 돈이 들지 않는다.

독서가 여행이나 진짜 인생보다 더 나은 최고의 이유 중 하나는 독서를 통해 경험할 수 있는 수많은 위대한 인물들의 인생과 사상과 경험이 단연 독보적이고 최고이기 때문이다. 여행이나 진짜 삶을 통해 배울 수 있는 인생과 사상과 경험은 자기 자신에게 국한된다. 하지만 독서를 통하면 수천 명 혹은 수만 명의 인생과 사상과 경험을 고스란히 앉은자리에서 나 자신의 것으로 습득할 수 있다.

그런 점에서 독서는 마법이며 기적이다. 시간과 공간을 초월해서 수만 명의 위인들과 만날 수 있고, 소통할 수 있고, 선생으로 모실 수 있기 때문이다.

이렇게 독서를 통해 엄청난 인생과 사상을 경험하면 물통에 물이 저절로 흘러넘치는 임계점에 도달한다. 그리고 그때 비로소 봇물이 터지듯 자기 자신만의 스토리와 콘텐츠가 자신의 내면에서 분출되어 탄생하기 시작한다. 바로 이런 이유에서 랄프 왈도 에머슨(Ralph Waldo Emerson)의 이 말이 의미 있게 와 닿는다.

"책을 읽는다는 것은 많은 경우 자신의 미래를 만든다는 것과 같은 뜻이다."

그렇다. 책을 읽는다는 것은, 제대로만 읽는다면 그것은 자신의 인생 스토리와 자신만의 엄청난 콘텐츠를 만드는 것과 같은 뜻이다. 마이크로소프트를 창업하고 세계 최고의 부자로 명성이 자자한 빌 게이츠도 같은 맥락에서 이런 말을 했을 것이다.

"오늘의 나를 있게 한 것은 우리 마을 도서관이었고, 하버드 졸업장보다 소중한 것이 독서하는 습관이다."

《생활의 발견》이란 책으로 유명한 중국 작가 린위탕(林語堂)은 다음과 같이 말했다.

"평소에 독서를 하지 않는 사람은 시간적으로나 공간적으로나 자기 하나만의 세계에 감금되어 있다. 그러나 그러한 사람들이라도 손에 책을 들기만 하면 생각조차 하기 어려운 별천지에 있는 자신을 발견할 것이다."

내가 독서를 강조하는 이유 중 하나가 바로 이것이다. 독서를 통해 타인의 사상과 철학과 지혜를 받아들이며 엄청난 경험을 한 사람은 자신만의 작은 세계에서 벗어나 별천지와 같은 넓은 세상을 스스로 만들면서 자신의 삶을 확장할 수 있기 때문이다.

자기만의 스토리와 콘텐츠를 만들 수 있는 최고의 방법은 다독(多讀)이다. 그러므로 다독에 도전해야 한다. 한 권의 책은 작은 세상을 담은 하나의 작은 우물이다. 그러한 우물이 수백 개인 사람과 수천 개인 사람은 수십 개밖에 되지 않는 사람과 생각이 다르고 의식이 다를 수밖에 없다.

바로 이러한 이유 때문에 "만 권의 책을 읽고 만 리를 여행해야 세상을 알 수 있다"라는 말이 설득력 있는 것이다. 더 큰 세상을 살기 위해서는 많은 책을 읽는, 진짜 공부를 해서 자신의 세계를 확장시키고 자기만의 독특한 스토리와 콘텐츠를 만들어야 한다.

인생은 길다,
조급해하지 않아도 괜찮다

　도서관에서 기적을 만나기 위해, 혹은 인생에서 기적을 만나기 위해 명심해야 할 것 중 하나는 노자가 말한 '무사성사'의 원리다. 자기 자신을 버릴 때, 사사로움을 버릴 때 결국 성공할 수 있고 부자가 될 수 있고 무엇인가를 이룰 수 있다는 말이다. 나는 이 말을 믿는다.

　내가 세상의 부와 성공을 다 버리고 도서관에 들어가서 세상과 단절하다시피 한 채로 자기 자신에게 기회를 준 삶을 살기 시작하자 아이러니한 일이 벌어졌다. 조금씩 세상의 부와 성공이 다가온 것이다. 하지만 세상의 많은 이치가 여기에서 크게 벗어나지 않는다는 생각이 든다.

　'대여대취'라는 말도 원리상 이와 다르지 않다. 크게 버릴 줄 아는 사람이 결국에는 크게 취할 수 있다는 것이다. 좋은 직장이라고 할 수 있는 대기업에 사표를 내고 과감하게 나온 것은 크게 버리는 일이다. 하지만 크게 버리는 것이 있었기에 지금의 내가 존재할 수 있다. 빌 게이츠가 하버드대학교를 스스로 중퇴한 것도 이와 다르지 않을 것이다. 이러한 원리는 '급할수록 돌아가야 한다'는 세상 이치와 다르지 않다. 우리 속담에도 "아무리 바빠도 바늘허리 매어 못 쓴다"는 말이 있지 않은가.

지금 현대인들이 무엇인가를 진중하게 하지 못하는 이유 중 하나는 너무 바쁘고 너무 조급하기 때문이다. 그래서 멀리 내다보지 못하고 길게 보지 못한다. 모두 근시안적인 인간이 되어 눈앞의 일에만 목을 매고 살아가고 있는지도 모른다.

바쁜 현대인들에게 자신의 일을 잠시 미루거나 포기한 채 도서관에 들어가 책의 숲을 거닐라고 한다면 설득력이 없을지도 모른다. 하지만 그것이 오히려 더 빨리 성공하고 더 빨리 부자가 되고 더 빨리 무엇인가를 이루는 방법이라면 이를 어떻게 받아들여야 할까? 누가 믿든 안 믿든 이것은 사실이며 세상 이치인 것을 어찌하겠는가.

《논어》를 보면 공자도 이와 비슷한 이야기를 한 적이 있다. 제자 자하가 한 마을의 읍장이 되어 공자에게 어떻게 다스려야 할지 물었다. 그러자 공자는 다음과 같이 대답했다.

"빨리 하려고 하지 말고 작은 이익에 눈을 주지 말아라. 서두르면 이루지 못할 것이요, 작은 이익을 보면 큰일을 이룰 수 없느니라."

이 이야기에서 나온 고사성어가 바로 '욕속부달(欲速不達)'이다. 현대인들의 가장 큰 문제는 무엇을 하더라도 너무 빨리 결판을 보려고 하는 조급함이다. 더 크고 더 위대하고 더 아름다운 것을 할 수 있는 수많은 사람이 조급함의 올무에 걸려 너무나 보잘것없고 형편없고 하찮은 것들만을 하면서 하루하루 살아가고 있다.

나는 '우회전략'을 좋아한다. 우회전략이 직진으로 가는 것보다 더 빠르기 때문이다. 너무 빨리 결판을 보려는 조급함 때문에 더 큰 문제가 생기고 상황이 더 악화된다.

진짜 행복한 사람은 행복을 직접적으로 추구하는 사람이 아니라는 사실을 상기해보자. 스티브 잡스에 의해 탄생한 세기의 히트상품 아이폰도 열심히 일하던 과정에서 우연히 나온 부산물이라고 한다.

나는 행복도 부도 성공도 모두 우연의 결과이며, 그것에 이르는 길이 대부분 우회로라는 사실을 늦게 깨달았다. 그리고 그 우연은 저절로 주어지는 것이 아니다. 특히 조급하게 집착하는 사람에게는 그 우연이 절대 주어지지 않는다. 오히려 꼭꼭 숨어버린다.

하지만 그것에 집착하지 않고, 자신이 좋아하는 그 무엇인가에 미쳐서 몰입할 때 성공과 부와 행복으로 향하는 기회의 문은 더 많이, 그리고 더 빨리 열린다. 그 기회를 품고 있는 우연을 더 많이 만나게 된다. 그래서 나는 우회전략의 힘을 믿는다.

내가 작가가 될 수 있었던 것은 한 번도 작가가 되고자 욕심을 내지 않았기 때문이다. 내가 만약 무엇인가가 되고자 한 번이라도 마음을 품었다면, 특히 작가가 되겠다고 욕심을 부렸다면 나는 3년이라는 세월 동안 책만 읽지 못했을 것이다. 어쩌면 1년도 안 되어 책을 쓰기 시작했을 것이고, 그 결과 나는 지금도 내 이름으로 된 책을 한 권도 출간하지 못한 그런 사람으로 그대로 머물러 있었을 것이다.

하지만 내가 평범한 직장인의 신분에서 5년 만에 독특한 영역을 구축한 작가가 될 수 있었던 비결 중 으뜸은 작가가 되고자 욕심을 내지 않았기 때문이다. 그래서 3년 동안을 오로지 책만 읽었을 수 있었기 때문이다. 돌아가는 길이 결국 더 빠른 길이었음을 나는 경험을 통해 깨달았다.

이러한 우회전략의 힘에 관해 잘 소개한 책이 있다. 바로 존 케이(John Kay)의 《우회전략의 힘》이라는 책이다. 이 책을 보면 미국의 국립공원관리공단이 모든 산불을 끄기 위해 조급하게 애쓴 결과 산불이 더욱 늘어났고, 수많은 기업이 수익을 최우선의 가치로 내세운 순간 오히려 수익이 감소해 버렸다고 한다. 산악인들이 힘든 산행 후 엄청난 행복감을 느끼는 것은 우회전략의 가치를 잘 보여주는 것이다.

빌 게이츠, 워렌 버핏, 조지 소로스는 모두 물질적인 풍요와 부보다 자신의 삶과 철학을 즐기는 사람들이었다. 부는 부산물이었을 뿐 인생의 목표가 아니었다. 그리고 바로 그 이유, 즉 부가 인생의 목표가 아니었기 때문에 그들은 모두 엄청난 부자가 되었다.

> 버핏, 그리고 또 다른 투자계의 전설인 조지 소로스의 삶을 보면 아리스토텔레스가 말한 밀레투스의 탈레스(Thales of Miletus)가 머리에 떠오른다. (……) 사람들은 그를 가난하게 만든 철학이 쓸모없는 것이라고 말했다. 하지만 그는 아직 겨울인데도 별을 보고서 올리브 풍작을 예견했다. 그는 약간의 돈을 모아뒀다가 밀레투스와 키오스의 기름틀을 모조리 예

약했다. 그때는 다른 입찰자가 없었기 때문에 예약금은 얼마 들지 않았다. 올리브 추수 때가 오자 갑자기 기름틀 수요가 빗발쳤고, 그는 원하는 값에 기름틀을 빌려줄 수 있었다. 그가 큰돈을 벌면서 철학자도 마음만 먹으면 쉽게 부자가 될 수 있다는 사실이 증명되었다. 하지만 부자가 되는 것은 철학자의 인생 목표가 아니다.

_존 케이, 《우회전략의 힘》

성공과 부의 열쇠는 자신이 하는 일에 대한 열정과 헌신이라고 할 수 있다. 그런데 그것은 돈이나 지위에 대한 욕망이나 집착과는 거리가 멀다. 오히려 부나 성공, 심지어 행복에 목숨을 걸고 그것을 추구하는 사람일수록 그것과 멀어질 수밖에 없다.

그것은 세상이 매우 복잡한 원리로 돌아가고 있기 때문이다. 그래서 누구도 성공의 비밀을 정확히 아는 사람은 없다. 물론 성공한 사람들은 있다. 하지만, 그들도 그 성공의 비밀을 정확히 알지 못한다. 하지만 한 가지 분명한 사실은 성공한 사람들이 성공을 최고의 인생 목표로 추구하지 않았다는 것이다. 그들은 성공을 최고의 목표로 추구하지 않았기 때문에 오랜 시간을 두고 훈련하고 연습했고, 수많은 실패나 시련에도 흔들리지 않을 수 있었다.

부와 성공이 목표가 아니었기에 실패를 해도 조급해하지 않을 수 있었고, 이러한 점은 오히려 부와 성공을 더 빨리 성취하도록 도움을 주었다.

성공한 기업가들의 전기나 자서전을 읽어봐도 마찬가지다. (……) "유맥(流脈)을 찾아내라." 그들은 존 폴 게티의 이 한마디를 길게 늘이고 늘여서 이야기할 뿐이다. 그들은 우리에게 특별한 성공의 비밀을 이야기해줄 수 없다. 왜냐하면 그들도 모르기 때문이다.

우리는 (……) 우회전략이 직접 공략보다 나을 때가 많은 이유를 완벽하게 이해할 수 없다. 하지만 한 가지는 분명하다. 카스파로프와 베컴, 응급요원들이 뛰어난 실력을 발휘하는 것은 재능만 뛰어나서가 아니라 오랜 훈련을 거쳤기 때문이다.

_존 케이, 《우회전략의 힘》

오랜 훈련을 거치기 위해 가장 필요한 것은 재능이 아니라 꾸준함과 인내심이다. 그리고 그러한 꾸준함과 인내심은 조급해하는 사람들이 갖출 수 있는 것이 아니다. 그러므로 조급함을 물리쳐야 한다.

오랜 훈련과 연습을 위해서는 꾸준함과 인내심이 필요하며, 이와 동시에 쉴 때는 쉴 수 있는 마음의 여유가 있어야 한다. 쉬지 않고 앞만 보고 달려가는 사람들이 결국 중도에 하차하는 일이 자주 발생하는 것이 인생이다. 성공하기 위해, 비교 불가능한 사람이 되기 위해서는 쉴 새 없이 바쁘게 일하는 것으로 충분하지 않다. 오히려 수시로 멈추고 자주 쉬면서 천천히 일해야 한다고 말하고 싶다.

세계 인구의 0.3퍼센트도 되지 않는 유대인들이 노벨상의 30퍼센트 이상을 휩쓰는 이유는 무엇일까? 그 이유를 독특하게 분석하는 의견이 있다. 유대인들의 지능이 뛰어나서가 아니라 일주일에 하루를 철저하게 쉬기 때문이라고 한다. 나는 이 분석에 공감하고 있다.

급하게 뛰어가는 사람은 절대로 멀리 가지 못한다. 하지만 쉬엄쉬엄 걸어서 가는 사람은 더 빨리 갈 수 있고, 더 멀리까지 갈 수 있다. 이것이 바로 조급해서는 안 되는 이유이기도 하다.

인도의 국민배우 아누팜 커(Anupam Kher)의 인생 수업인《지금, 당신이 기적입니다》란 책을 보면, 쉬는 것의 중요성에 대해 잘 설명해놓은 대목을 접할 수 있다.

프레데릭 테일러라는 사람은 베들레헴 강철 회사에서 과학적 경영에 관한 공동 연구를 진행하면서 이 사실을 증명해 보였다. 그는 노동자 한 사람에게 하루 1만 2500킬로그램의 강철을 화차에 적재하는 작업을 시키면 정오에는 심신이 지쳐버린다는 사실을 발견했다. 그런데 무려 4만 7000킬로그램의 강철을 쌓는 작업을 시키되 휴식 시간을 고르게 배분하면 노동자들이 지치지 않고 무려 4배에 가까운 일을 더 할 수 있었다. 테일러는 노동자들을 한 시간에 26분을 일하고 34분을 쉬게 하는 방법으로 다른 노동자들보다 4배의 효율을 올렸던 것이다. 일하는 시간보다 쉬는 시간이 많았지만 피곤해지기 전에 쉰다는 원칙을 지키자 지치지 않고 효율적으로 일할 수 있었다는 이야기다.

_아누팜 커,《지금, 당신이 기적입니다》

이렇게 충분히 쉬면서, 천천히 여유를 가지고 일하는 것이 매우 효율적이며 과학적이라는 사실이 속속 밝혀지고 있다. 낮잠을 15분 정도 자는 사람은 그 후에 놀라운 집중력과 생기로 오후와 저녁 시간을 맞이할 수 있고, 밤에 2시간을 자는 것과 맞먹는 효과를 얻게 된다.

우리는 이제 좀 더 여유를 가지고 조급증에서 벗어나야 한다. 그렇게 해야 할 이유 가운데 중요한 한 가지는 인간의 평균수명이 과거보다 2배에서 3배나 더 길어졌다는 사실에서 찾을 수 있다. 많은 사람이 끊임없이 시간 압박에 허덕이며 조급함에서 벗어나지 못하는 것은 "인생은 짧고 예술은 길다"는 문장이 우리의 의식에 끼친 영향과 고정관념 때문인지도 모른다. 하지만 이제 인생은 길어졌다. 그리고 예술은 변함없이 그 자리에 있거나 과거에 비해 더 짧아진 것이 사실이다.

수명이 연장되어 과거에는 상상도 하지 못할 세상이 우리 눈앞에 펼쳐졌음에도 우리는 여전히 인간의 평균수명이 40세 정도밖에 되지 않는 시대에 살았던 사람들의 의식을 그대로 가지고 살고 있다. 그래서 조급함에서 벗어나지 못한다.

비교 불가능한 사람이 되어야 하는 이유 중 하나도 바로 이것이고, 그렇게 될 수 있는 조건도 바로 이것이다. 인생이 길어졌기 때문에 우리는 더욱더 비교 불가능한 인간이 되어야만 한다. 또한 인생이 길어졌기 때문에 우리에게는 기회가 훨씬 더 많아졌다. 그러므로 우리가 비교 불가능한 인간이 될 수 있는 조건이 엄청나게 좋아졌다는 사실을 기억해야 할 것이다. 《길어진 인생을 사는 기술》의 저자인 슈테판 볼만(Stefan Bollmann)

은 길어진 인생을 사는 기술이 그 어떤 기술보다 더 중요해졌다는 사실을 다음과 같이 말하고 있다.

> 우리에게 절실히 필요한 것은 이제는 우리의 인생이 길어졌다는 의식이다. 긴 인생은 200년 전 대다수가 살았던 짧은 인생과는 다른 법칙을 따르고, 다른 삶의 가능성을 제공한다는 것을 의식하는 것이 중요하다.
>
> 물론 길다고 모두 의미 있는 인생은 아니다. 길지만 지루하고 의미 없는 인생도 있을 것이며, 짧지만 풍요롭고 의미 있는 인생도 있을 것이다. 그러나 인생의 의미가 삶의 가능성과 그것을 실현할 수 있는 기회와 관련되는 한, 그 의미는 결코 개개인에게 허락된 인생의 시간과 무관하지 않다. 긴 인생이 좋은 인생이 되기 위해 우리는 긴 인생을 수동적으로 받아들이거나 견디기만 할 것이 아니라, 긴 인생을 적극적으로 경영해나가야 한다.
>
> _슈테판 볼만, 《길어진 인생을 사는 기술》

바로 이런 시대에 살고 있기 때문에 조급하게 뭔가가 되는 것보다 좀 더 많은 시간을 투자하여 좀 더 나은 뭔가가 되는 것이 훨씬 더 현명한 선택이다. 조급하게 뭔가를 하려다 보면 아무것도 할 수 없게 된다. 하지만 멀리 내다보고 길게 보면 뭔가를 하고도 남는 충분한 시간이 있음을 깨닫게 된다.

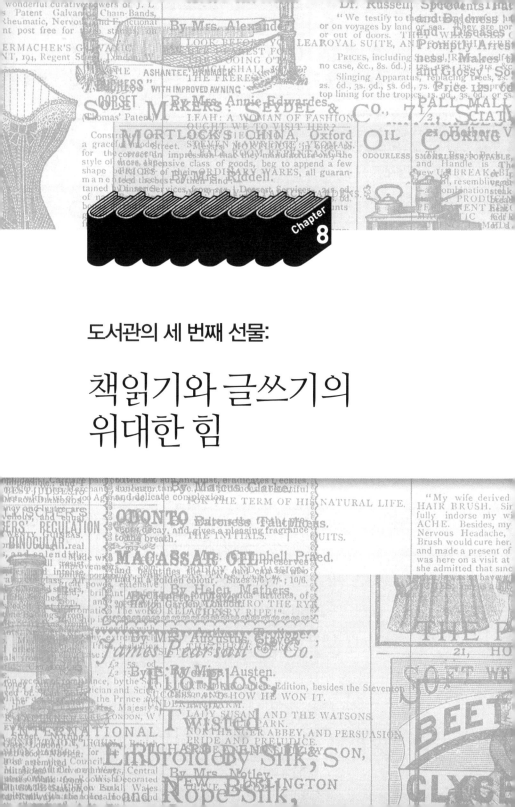

도서관의 세 번째 선물:

책읽기와 글쓰기의
위대한 힘

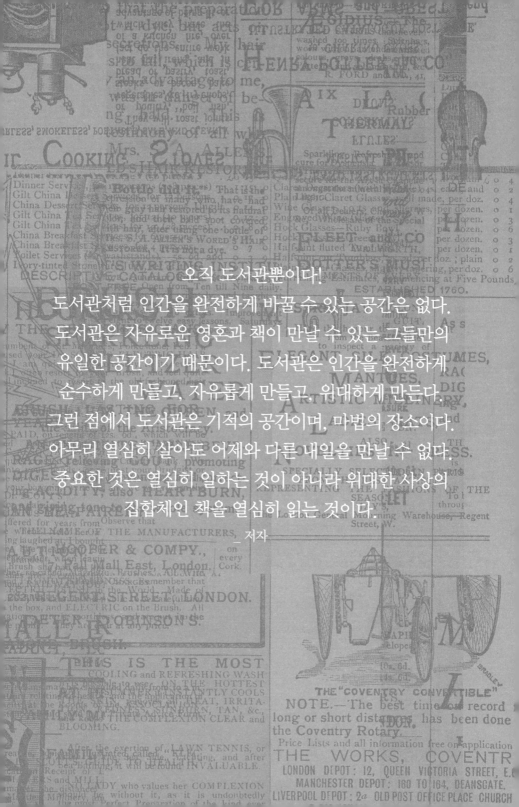

오직 도서관뿐이다!
도서관처럼 인간을 완전하게 바꿀 수 있는 공간은 없다.
도서관은 자유로운 영혼과 책이 만날 수 있는 그들만의
유일한 공간이기 때문이다. 도서관은 인간을 완전하게
순수하게 만들고, 자유롭게 만들고, 위대하게 만든다.
그런 점에서 도서관은 기적의 공간이며, 마법의 장소이다.
아무리 열심히 살아도 어제와 다른 내일을 만날 수 없다.
중요한 것은 열심히 일하는 것이 아니라 위대한 사상의
집합체인 책을 열심히 읽는 것이다.

_ 저자

오직 책과
독서뿐이기에!

오직 책과 독서뿐이다!

인간을 성장시키고 인생을 바꿀 수 있게 해주는 것은 돈이나 능력이나 학식이나 기술이 아니라 독서이다. 독서는 책이라는 마법의 주문을 외우는 행위이며 자신을 위대한 예술품으로 조각하는 행위다. 그리고 마하의 속도로 날 수 있는 제트기에 몸을 싣는 행위다. 그래서 자동차나 자전거로 목적지를 향해 열심히 나아가는 사람들과 비교도 할 수 없을 정도로 빠르게 목적지에 도달할 수 있다.

자동차나 자전거가 유일한 운송수단이라고 생각하는 수많은 사람이 죽었다 깨어나도 도저히 상상도 하지 못하는 수만 가지 방법과 생각이 존재한다. 독서를 통해 제트기에 올라탄 사람들은 이것을 안다.

나는 수많은 사람의 인생이 힘들고 고달프고 불행하고 고통스러운 이유는 독서를 하지 않거나, 제대로 된 독서 방법을 깨우치지 못했기 때문이라고 생각한다. 반대로 독서를 하는 사람은 같은 상황에서 덜 힘들고 덜 불행하다. 그뿐만 아니라 행복하며 위대한 인생을 만들 수 있다.

그것을 보여주는 대표적인 인물 중 한 사람이 공자이다. 공자는 동양인으로서 서양인을 비롯한 세계인들에게 존경받는 인물이다. 공자의 인생을 살펴보면 그가 실패를 많이 한 사람임을 알 수 있다. 그래서 그에게는 '집 잃은 개'라는 별명까지 붙게 되었다.

중국 베이징대학교 중문과 교수 리링(李零)은 《논어》를 쉽고 깊게 풀어 쓴 주석서 《집 잃은 개》를 출간했다. 이 책의 제목인 '집 잃은 개'는 바로 《논어》의 주인공인 공자를 일컫는 말이다. 사마천이 《사기》에서 공자에 대한 일화를 소개한 부분을 원용하여 사용한 것이다. 지금 성인으로 추앙받고 있는 공자의 실제 삶의 모습과 신세는 처량하기 그지없었다. 그야말로 '집 잃은 개'의 신세였다.

공자는 너무나 많은 좌절과 실패를 경험했던 실패자였고, 자신의 뜻을 펼치지 못해 여기저기를 유랑하며 떠도는 신세였다. 심지어 되돌아갈 집도 없는 떠돌이 개와 같은 처지였다. 그럼에도 그가 위대한 인생을 살 수 있었던 이유는 공부 때문이었다. 그런데 그 당시 공부는 결국 독서였다. 나는 공자의 이야기를 읽으며 인생을 위대하게 만들 수 있는 방법은 오직 책과 독서뿐이라고 생각하게 되었다.

인생을 역전시키고 노후 준비를 하기 위해 재테크를 공부하고, 돈을 모으고, 부자가 되고, 성공하는 데 주력하는 사람들이 많다. 그러나 진짜 인생을 역전시키고, 노후 준비를 잘하는 방법 중 최고는 독서라는 사실을 아는 사람은 많지 않은 것 같다.

독서는 무엇보다 사람의 몸과 마음을 동시에 강하게 만들어준다. 그리고 독서는 사람을 행복하게 하고 올바르게 만들어준다. 많은 사람이 병이 나고 인생이 힘든 것은 몸과 마음이 욕심이나 집착, 분노나 원망, 후회나 슬픔에 너무 많은 영향을 받기 때문이 아닐까? 이 모든 것은 스트레스라는 한 단어로 압축될 수 있는데 의사들은 이것이 만병의 근원이 된다고 말한다. 부와 성공에 집착한 나머지 몸을 혹사하고, 누군가에 대한 원망과 분노로 마음이 피폐해져 몸과 마음의 균형이 깨진다.

그런데 공부가 이렇게 깨진 몸과 마음의 균형을 잡아준다. 인생을 살다 보면 누구나 상처를 받고, 아픔을 간직하고, 분노나 집착에 시달린다. 하지만 책을 30분 이상 읽으면 그 모든 분노나 아픔이 사라지고, 자신을 사로잡아 힘들게 했던 집착이나 원망에서 벗어날 수 있음을 깨닫게 된다.

내 경험 한 가지를 이야기하겠다. 어느 날 아침 부부 싸움을 크게 해서 분노와 아픔에 휩싸였다. 그날도 습관처럼 도서관에서 책을 읽기 시작했다. 여러 권의 책을 서가에서 뽑아 책상 위에 놓고 읽기 시작했다. 그런데 30분이 채 지나기도 전에 집에서 나올 때의 그 분노와 상처가 그리고 온갖 잡다한 생각의 찌꺼기들까지 말끔히 사라지고 있음을 깨달았다. 이것이 책과 독서의 위력이 아닐까?

독서에 몰입하는 것보다 더 큰 힐링은 없다고 생각한다. 독서에 몰입하는 것보다 더 큰 즐거움은 없다. 인간은 독서를 통해서만 자기 자신의 인생길을 개척할 수 있다. 오직 독서뿐이다. 독서만 한다고 해서 인생이 달라질까? 달라질 수 있다. 아니, 달라질 수밖에 없다.

어떻게 그것이 가능할까? 책은 당신이 생각하는 것보다 몇백 배 더 위대한 인류의 발명품이기 때문이다. 그 안에 마법과 같은 위력과 에너지가 담겨 있기 때문이다.

비행기라는 인류의 발명품을 이용하면 당신은 하늘을 날 수 있다. 하지만 그것을 의심해본 적은 없을 것이다. 책이라는 인류의 발명품을 이용하면 당신은 시간과 공간을 초월하여 인류의 위대한 스승들을 만나서 교류할 수 있다. 그것보다 더 큰 공부가 어디 있겠는가? 그렇지만 당신은 그것을 등한시하며 살아가고 있다.

매일 30분씩 뉴스를 꼭 챙겨 보고, 매 끼니 밥은 꼭 챙겨 먹으면서 시간과 공간을 초월하여 인류의 위대한 스승과 만날 수 있는 독서는 챙기지 않는 것이 우리의 현실이다. 조금만 바쁘고 피곤하면 내일로 미룬다. 그리고 내일에는 또 그다음으로 미룬다.

생각해보면 독서를 등한시하는 사람들은 인간의 고유한 특권과 기회를 바쁘다는 핑계로 버리고 살아가는 셈이다. 수천억 원의 가치가 있을지도 모르는 그 엄청난 특권을 조금도 아쉬운 마음 없이 포기하며 산다. 이얼마나 안타까운 일인가?

누군가 자기 주머니에서 돈을 훔쳐 가는 광경을 그대로 보고만 있을 사람이 있을까? 그런데 그보다 몇백 배 더 가치 있는 것을 잃는 일이 매일 우리 일상에서 벌어지고 있다.

옛 성현들은 하나같이 독서를 하면 돈이 생기고, 귀해지고, 새로운 인생을 살 수 있다고 말했다. 이 이야기들을 결코 허투루 들을 수 없다. 맞다. 독서를 하면 부자가 된다. 독서를 하면 존귀한 사람이 된다. 독서를 하면 성공한다. 그러므로 책과 독서뿐이다.

아무것도 가진 것 없는 중년의 평범한 남자가, 아무 경험도 없는 초년의 젊은이가, 아무 배경도 없는 노년의 어르신이 인생을 뒤바꿀 수 있는 유일한 도구는 오직 독서뿐이다. 그러므로 독서를 해야 한다. 독서를 하지 않는 것은 인생 최고의 낭비다.

책과 독서에 관한 큰 오해가 존재한다. 이런 오해는 소위 전문가들에게서 비롯되었다. 책을 많이 읽거나 집필한 사람들, 교육학을 전공한 학자 중 많은 이들이 책을 통해 지식을 얻고, 책을 통해 천재가 될 수 있다고 말한다.

물론 이 말이 틀린 것은 아닐 것이다. 그러나 중요한 사실을 간과했다. 책을 통해서 얻는 것은 지식뿐만이 아니다. 이는 좁디좁은 안목이다. 위대한 인물들은 책을 통해 지식을 얻은 것이 아니라 사고를 바꾸었고 의식을 향상시켰다.

"책을 많이 읽었지만 단 한 권의 책도 쓸 수 없었고 인생도 크게 달라지지 않았다"고 하며 나에게 그 이유를 묻는 사람들이 있다. 나는 이렇게 대답한다. "책을 통해 책상머리 지식만 가득 채우는 잘못된 독서 습관 때문입니다."

진짜 독서는 지식과 큰 상관이 없다. 그런데 남들이 읽지 않는 고전을 읽고 그것으로 타인의 삶을 비판하고 평가하는 잣대로 삼는 이들이 있다. 그들에게는 독서가 유익하지 않다. 오히려 타인에게 자신이 독서한 것을 뻐기고 지식을 자랑하며 잘난 척하는 '밥맛없는 천재'로 전락시키고 만다.

어떤 독서 방법이 정답이라고 말할 수는 없다. 그러나 타인을 비판하고 타인의 무지를 드러내기 위해 독서하는 것은 옳지 않다. 그보다는 자신의 부족한 점들을 끊임없이 발전시켜 나가고 자신의 어리석은 사고를 개선하기 위해 독서를 하는 것이 바람직할 것이다. 이들이 더 유익한 독서 방법을 가지고 있는 것이다.

지식이 결코 상상력보다 낮지 않다. 이미 지식의 시대는 지나갔다. 지금은 상상력과 창의력의 시대이다. 아무리 지식이 많아도 그것을 통합하고 융합할 수 있는 사고력이 뒷받침되지 않으면 그 지식은 무용지물이 된다. 오히려 지식이 조금 부족하더라도 사고력이 뛰어난 사람들이 죽은 지식만 가지고 있는 사람들보다 훨씬 더 지혜롭게 살아나갈 수 있다.

독서의 하수들은 책을 통해 지식만을 섭취한다. 하지만 독서의 고수들은 지식보다 지혜를 섭취한다. 그런 점에서 독서의 하수들은 책을 통해 스마트해지지만, 독서의 고수들은 오히려 바보스러워지고 자신을 낮춘다.

이것이 독서의 힘이다. 독서를 통해 지식만 늘리는 독서의 하수들은 그 지식이 넘쳐나 스마트해질 수밖에 없다. 그것을 숨기는 것이 힘들 지경이다. 하지만 독서의 고수들은 독서를 통해서 지혜가 많아지므로 자신을 위태롭게 하는 교만한 마음을 품지 않는다. 지혜가 충만해질수록 자신이 아는 것이 절대적으로 부족하다는 것을 깨닫기 때문이다. 그래서 독서의 고수들은 더욱더 독서의 고수가 될 수밖에 없다. 그리고 독서의 고수가 될수록 자신의 무지를 알게 되므로 더 자신을 낮출 수밖에 없다.

책을 많이 읽으면 자연스럽게 스마트해질 것이라 생각하는 사람이 있다면 그는 하수일 것이다. 독서의 목표가 스마트해지는 데 있는 것은 아니기 때문이다.

독서를 많이 한다고 해서 지식인, 식자가 되는 것은 아니다. 독서를 많이 하면 현명한 사람, 즉 현자가 된다. 그래서 독서를 많이 하면 스마트한 지식인이 된다고 말하는 사람이 있다면 그는 독서를 제대로 해본 사람이 아니라고 감히 말할 수 있다. 내가 보기에 독서를 많이 한 사람들은 하나같이 현명해졌다. 그리고 독서를 많이 한 사람이 잘난 척하는 일에 쉽게 빠져드는 교만한 지식인이 되는 것을 본 적이 없다.

지식인이 되고자 독서를 하는 사람이 있다면 이는 합리적인 길이 아니다. 독서보다 더 빠른 길이 있기 때문이다. 바로 학교다. 학교에서는 교사를 통해 직접적으로 지식을 배울 수 있다. 그런데 독서는 스스로 지혜를 만들어나가는 과정이며 행위이다. 그런 점에서 지혜는 학교에서 배울 수 없는 것이며, 누군가에게 가르쳐줄 수 없는 것이다. 이런 사실을 아리스토텔레스도 알았던 것 같다(그에게는 거대한 개인 도서관이 있었다).

인생을 현명하게 사는 법을 배울 수 있는 곳이 오직 도서관인 이유가 바로 여기에 있다. 학교에서는 지혜를 배울 수 없다. 학교에서는 지식만 배울 수 있다. 학교가 지식인들을 양성하는 지식의 장소라면, 도서관은 현자들을 양성하는 지혜의 장소이다.

독서에 대해 잘 모르는 사람들은 독서를 하면 지식만을 얻게 된다고 쉽게 오해한다. 도서관은 겨우 지식을 저장해 놓은 지식 저장소가 아니다. 눈에 보이는 것보다 눈에 보이지 않는 것이 더 중요하고 큰 법이다. 책에는 지식보다 더 중요하고 큰 지혜가 담겨 있다. 그리고 그것은 누군가가 가르쳐 줄 수 없고, 전해 줄 수 없다. 오직 책을 통해, 스스로의 독서를 통해 자신이 만들어나가야 하고, 얻어야만 하는 것이다.

책과 영혼의
교감이 만드는 마법

지구상의 그 어떤 공간도 도서관의 마법을 뛰어넘을 수 없을 것이다. 도서관은 유일하게 책과 영혼이 순수하게 조우하는 공간이다. 도서관은 우리가 기적의 세계로 나아가게 해주고, 천재로 도약할 수 있게 해주고, 위대한 삶으로 자신의 삶을 바꿀 수 있게 해주는 공간이다.

학교는 가르치고 배우는 공간이다. 정해진 것들, 답이 있는 것들, 지식을 배우는 곳이다. 그런 점에서 사회에 필요한 사람을 만드는 곳이 학교라는 공간이다.

그런데 도서관은 읽고 사색하고 체득하는 공간이다. 정해져 있지 않은 것들, 답이 없는 것들, 지혜를 익히는 곳이다. 그런 점에서 도서관은 사회에 필요한 사람이 아니라 사회를 이끌어갈 사람들을 만드는 곳이다. 즉 이미 만들어진 기존 사회가 필요로 하는 사람이 아니라 기존 사회를 바꾸고 발전시켜 나갈 사람들이 만들어지는 공간이 바로 도서관이다.

현재의 학교교육에 대해 부정적인 시각이 많이 존재한다. 《린치핀》의 저자 세스 고딘도 그중 한 사람이다.

> 위대한 예술가, 작가, 제품 개발자, 카피라이터, 발명가, 과학자, 프로세스 엔지니어, 요리사들은 어디서 나올까? (……) 그런데 이들에게는 공통점이 있다. 모두 정규교육을 통해 만들어진 인재가 아니라는 것이다.
>
> 좋은 학교는 당신이 린치핀이 되는 것을 방해하지는 않을 것이다. 하지만 꼭 린치핀으로 만들어주지도 않을 것이다. 좋은 학교가 성공에 도움이 되는지는 분명하게 말할 수 없지만, 형편없는 학교가 성공을 가로막는 것은 분명하게 말할 수 있다. 우리 사회는 왜 그토록 개개인의 타고난 예술성을 죽이기 위해 안달하는 것일까? 내면에 존재하는 예술성을 짓밟아야만 비굴하게 순응하도록 훈련할 수 있기 때문이다.
>
> _세스 고딘, 《린치핀》

세스 고딘의 말처럼 형편없는 학교가 성공을 가로막는 것은 분명한 것 같다. 위대한 위인 중에는 학교나 정규교육보다 도서관에서 더 많은 것을 배워 성공한 사람이 적지 않다. 마오쩌둥은 학교에 다니는 것보다 아예 도서관에 출퇴근하는 것이 더 낫다는 것을 깨달은 인물 중 한 사람이었다.

160센티미터도 되지 않는 작은 키를 가진 농부의 아들 마오쩌둥이 중국이란 대국을 이끄는 국부가 될 수 있었던 힘은 학교교육에서 길러지지 않았다. 그가 학교를 포기하고 6개월 동안 도서관에 파묻혀 엄청난 독서를 했기 때문에 이 일이 가능했다.

그는 학교 다니는 것을 포기하고 혼자서 책을 보며 공부하기 위해 도서관을 찾았다. 그곳에서 6개월 동안 영혼과 책이 오롯이 만나는 시간을 가졌다. 그 마법의 공간에서 마오쩌둥은 사회에 필요한 사람이 아니라 사회를 새롭게 이끌어갈 수 있는 사람으로 탈바꿈되었다. 그의 자서전을 보면 이러한 사실이 잘 서술되어 있다.

> 성립제일중학교에 입학했는데, 나는 이 학교를 좋아하지 않았습니다. 교과과정에 지나치게 제한이 많았고, 규정 또한 못마땅하기 때문입니다. 나는 다른 학생들이 귀가한 후에도 홀로 교실에 남아 독서를 했습니다. 어두워서 보이지 않으면 양초를 바꿔서 읽었습니다. 이 학교에는 여러 가지로 나를 도와준 선생님이 한 분 있었습니다. 그분이 빌려준 《어비통감집람》을 읽은 뒤에 나는 혼자서 책을 읽으며 공부하는 것이 낫겠다고 결론을 내렸습니다. 입학한 지 6개월 만에 나는 이 학교를 그만두었습니다. 대신에 매일 호남의 성립도서관에서 독서를 했습니다. 나는 규칙적으로 집중해서 매우 열심히 책을 읽었습니다. 아침 일찍 도서관에서 가서, 도서관 문이 열리기를 기다렸습니다. 점심은 떡 두 개로 해결했습니다. 그러고는 도서관 문이 닫힐 때까지 책을 읽었습니다. 이렇게 보낸 6개월이 나에게는 참으로 귀중한 시간이었습니다.
>
> _마오쩌둥, 《모택동 자서전》

마오쩌둥은 학교 대신 책과 영혼이 만날 수 있는 유일한 공간인 도서관을 선택했다. 학교에서 배우는 것들이 너무 제한적임을 느꼈기 때문이다. 그는 본능적으로 학교에 다니는 것보다는 도서관에 가서 책만 읽는 것이 훨씬 더 낫다고 판단했다. 그렇게 생각하자 더는 학교에 다닐 수 없게 되었던 것이다. 결국 학교를 그만두고, 6개월이란 짧지 않은 기간 동안 매일 도서관에 파묻혀 엄청난 독서를 했다. 6개월 동안의 도서관 생활은 그로 하여금 평범한 농부의 아들에서 12억 중국인들의 마음을 하나로 이끌면서 혁명을 완성한 위대한 지도자가 될 수 있게 해주었다. 그것은 기적과 마법의 시간이었다.

내가 좋아하고 존경하는 토마스 아 켐피스도 비슷한 말을 한 적이 있다는 것을 어떤 책을 통해 알게 되었다.

"내 이 세상 도처에서 쉴 곳을 찾아보았으되, 마침내 찾아낸, 책이 있는 구석방보다 나은 곳은 없더라."

책과 영혼이 만나는 오묘한 공간인 도서관은 인류가 만들어온 모든 지(知)의 총합이 존재하는 곳이며, 수많은 영혼으로 하여금 새로운 세상에 눈뜨게 해주고 더 높은 세계로 이끌어주는 순간이동의 공간이다.

그 공간에서 나는 처음으로 일탈의 희열을 느꼈다. 그 일탈은 일상에서 벗어나는 것을 넘어 내가 살아왔던 작은 세계에서 벗어나는 것을 의미했다. 그리고 그것은 나의 어린 영혼이 책이라는 위대한 지의 총합과 만날 수 있는 유일한 공간인 도서관에서만 가능한 일이었다.

마법의 공간, 기적의 장소인 도서관은 세상의 특권층과 지배계층의 소유물이 아니었다. 오히려 힘없고, 가진 것 없고, 아무것도 모르는 나와 같은 이들의 진정한 친구였다. 그런 점에서 도서관은 이 세상에서 가장 평등한 곳이며, 자유로운 공간이다.

세상과 삶에 지쳐서 모든 힘을 잃고 많은 상처를 입은 사람에게 피할 곳이 있다면 그것은 도서관뿐이다. 도서관은 누구도 차별하지 않는다. 가진 자든 못 가진 자든, 배운 자든 못 배운 자든, 남자든 여자든, 노인이든 어린아이든, 국적이나 성별이나 생김새조차도 전혀 차별하지 않는다. 만인을 평등하게 대하고, 두 팔 벌려 반겨주는 곳이 도서관이다.

책과 영혼이 순수하게 목적도 이유도 없이 함께 어울릴 수 있는 행복과 희열이 교차하는 도서관에서는 우리의 영혼이 절대 고갈되지 않는다. 책이라는 친구가 언제나 변함없이 우리를 반겨주기 때문이다.

세상이 미쳐 돌아갈수록 도서관은 기적의 공간이 되고, 힐링의 공간이 되고, 도약의 공간이 되고, 자유의 공간이 되고, 무엇보다 쉼의 공간이 되어준다. 도서관에서라면 누구라도 쉼을 얻을 수 있고, 행복을 누릴 수 있고, 세상의 아름다움과 진리에 눈뜰 수 있다. 절대 우리의 영혼을 고갈시키지 않는 도서관은 만인을 평등하게 반겨준다.

이러한 근대식 도서관이 한국에 들어선 것은 20세기 전반기의 일이다. 하지만 우리 선조들은 이미 오래전부터 책을 만들었고 도서관이라는 기적의 공간을 만들어왔다. 그 결과 세종대왕과 집현전 학자들은 세계에서 가장 위대한 글자인 '한글'을 창제하는 기적을 이루어낼 수 있었다. 나는 그것이 도서관의 힘이라고 생각한다. 순수한 우리 선조들의 정신과 영혼이 책과 만나서 이루어낸 최고의 작품이 바로 '한글'이라고 생각한다.

스튜어트 A.P. 머레이가 한국의 도서관에 대해 개괄적으로 설명한《도서관의 탄생》이란 책의 한 부분을 살펴보자.

한반도에 근대 도서관의 개념이 들어선 것은 일본 식민 치하에 있던 20세기 전반기다. 그러나 이전부터 한국에는 사서, 저술, 도서관 등의 오랜 전통이 정립되어 있었다. 1996년 국립도서관협회연맹 연례회의 프레젠테이션에서 한국의 학자들은 민족적 자부심을 다음과 같이 표현했다. "이미 2000년 이상의 역사를 기록한 한국은 고대의 뿌리를 바탕으로 진보된 문화를 지녔다. (……) 한국의 사서는 진화된 한국 문화의 일부를 보여주는 것이다." 제2차 세계대전 참전국인 일본이 1945년에 항복한 후, 두 달 뒤에 국립도서관이 대한민국 수도인 서울에 건립되었다. 그로부터 일 년도 되지 않아 국립도서관 직원 양성을 위한 방계 도서관 학교가 문을 열었다. 하지만 1950년부터 1953년까지 한반도에서 일어난 한국전쟁으로 도서관과 사서는 엄청난 손실을 입었고, 다수의 저명한 도서관 선도자가 체포되어 북한으로 끌려 갔다.

_스튜어트 A.P. 머레이, 《도서관의 탄생》

전쟁을 하더라도 그 전쟁에서 누가 이기든, 무슨 이유로 전쟁을 하든 도서관은 후손들을 위해, 나라를 위해, 그리고 인류를 위해 파괴해서는 안 된다. 특히 도서관에서 숨 쉬고 있는 수많은 책은 최대한 오랜 시간 살아남게 해주어야 한다. 그것이 인간이 만든 최고의 발명품인 책에 대한 예의다.

인간이 책을 만들었고 도서관을 건립했지만, 그 책과 도서관은 인간을 더 위대하고 놀랍게 만들어준다. 그리고 이 사회를 더욱 나은 사회로 발전시키는 원동력이 되어준다. 그러므로 전쟁을 하더라도 도서관은 보존해야 한다. 한국전쟁 당시에 도서관을 파괴하지 않고 보존했더라면 한국은 지금과는 전혀 다른 모습을 하고 있을지도 모른다.

기적이란,
새로운 인생이 가능하다는 것

세월이 흐르면 겨울을 지나 봄이 오고 여름이 되듯 그렇게 자연스럽게 나는 작가가 되었다. 나도 모르는 사이에 일어난 이상한 일이다. 일본과 중국에 내 책이 번역되어 출간되기도 하고 생각보다 많은 책이 베스트셀러 목록에 오르락내리락하는 일을 경험했다.

앞에서도 말했듯 나는 단 한 차례도, 꿈에서조차 작가가 되려 한 적이 없다. 그런데도 이상한 일이 벌어졌다.

11년 직장생활의 종지부를 찍고 세상과 단절하듯 낯선 곳으로 이사한 나는 무엇을 해야 할지, 어떻게 해야 할지, 왜 살아야 하는지, 어디서 와서 어디로 가는지, 내가 어떤 존재인지, 어디쯤 서 있는지 등 인생에 대한 수많은 것을 모르고 있었다. 심지어 궁금해하지도 않았다. 이런 무지한 중년의 남자가 어느 날부터 도서관에 출근(?)하기 시작한 것이다.

그리고 그로부터 3년이 지났다. 그토록 무지몽매했던 그 중년의 남자는 아주 조금씩 자기 자신과 세상이 보이기 시작함을 느꼈다. 그리고 그렇게 느끼자 뭔가를 쓰지 않고는 도저히 배겨내지 못하는 놀랍고도 충격적인 욕구를 온몸으로 체험하게 되었다.

도서관이라는 기적의 공간에서 3년을 지내자 더는 예전의 내가 아니었다. 3년 동안의 도서관 생활은 내게 책을 읽는 것이 숨을 쉬는 것만큼이나 필수적인 행위가 되게 했다. 그리고 글을 쓴다는 것에 대한 개념도 생기기 전에 저절로 글을 쓰고 있는 내 몸과 의식을 발견하게 되었다.

제대로 배워야만 글쓰기를 할 수 있다는 상식에 정면으로 어긋나는 놀라운 일이 벌어진 것이다. 글쓰기에 대해 배우거나 공부하지 않은 사람도 도서관에서 수천 권의 책을 탐독하면 자연스럽게 글쓰기를 할 수 있다는 사실이 나를 통해 드러났다. 이것은 이론적 측면을 떠나 실제로 일어난 사건이다. 그런 점에서 볼 때 '글쓰기는 어쩌면 인간의 본능과 깊은 관련이 있는 것이 아닐까?'라는 생각이 들었다.

음식을 한동안 먹지 못한 사람들은 자신의 배를 채워야 한다. 그것이 본능이다. 이와 마찬가지로 자신의 머리에 너무 많은 것들이 채워져 있는 사람은 그것을 또한 배출해야 한다. 그것이 바로 글쓰기다.

이런 점에서 볼 때 비움과 채움이라는 개념으로 인간의 모든 활동을 정의할 수 있고, 설명할 수 있다. 인간이 무엇인가를 배워야 하는 이유는 채워야 하기 때문이고, 가르치는 것은 채운 것을 다시 비우기 위함이다.

책을 읽는 것도 채우는 행위라고 할 수 있다. 무엇인가를 받아들이는 맹

렬한 행위다. 그리고 그러한 행위가 축적되어 어느 선을 넘으면 물이 저절로 흘러넘치듯 어떤 행위가 자연스럽게 뒤따른다. 그것이 글쓰기다.

이런 점에서 작가란 호칭은 특별할 것이 없다. 누구나 책을 읽을 수 있듯이 누구나 책을 쓸 수 있는 시대가 되었기 때문이다.

사실 먼 과거에는 글쓰기라는 개념조차 없었다. 그리고 100년 전만 해도 글을 읽고 쓸 수 있는 사람들이 많지 않았다. 특별한 사람들만이 글을 읽고 쓸 수 있었다. 그리고 지금은 보통 사람들도 누구나 모두 글을 읽고 쓸 수 있다.

그리고 지금은 누구 할 것 없이 대부분의 사람들이 글을 쓰고 있다. 인터넷의 발달로 트위터, 페이스북, 블로그를 통해 매일 글을 쓰고 있다. 과거에는 전업 작가나 기자 같은 사람들만 매일 글을 썼다. 하지만 지금은 누구나 매일 글을 쓴다.

아직 이러한 시대가 완전하게 온 것은 아니다. 이제 서서히 시작되는 분위기다. 이렇게 나는 이러한 시대적 흐름과 맞물려 글쓰기를 하게 되었고, 그것은 1년 6개월 동안 33권의 책을 출간하는 기록을 낳았다.

평범한 직장인이 어느 날 눈을 떠보니 자신의 이름 뒤에 '작가님' 혹은 '작가 선생님'이라는 호칭이 따라붙는 것을 발견하면 기분이 어떨까? 내가 바로 지금 그런 기분을 느끼고 있다. 그래서 강연에 초청되어 강사로 나가서도 "저는 제 자신을 작가라고 생각해본 적이 없습니다"라는 말로 이야기를 시작하곤 한다.

하지만 지금은 아무리 아니라고 해도 나는 내가 그토록 부인하고 싶었던 바로 그것, 즉 작가이다. 그것을 부인할 수 없을 지경에 이른 것이다. 내가 아무리 아니라고 해도 나는 작가일 수밖에 없다.

생각해보자. 입대해서 군대생활을 하면 그 사람은 과거가 어쨌든 군인인 것이 분명하다. 아무도 그를 군인이 아니라고 부인할 수 없는 것처럼, 도서관에서 3년이란 세월을 보내고 나서 1년 6개월 동안 30권 이상의 책을 출간한 사람이 작가가 아니라면 도대체 무엇이란 말인가?

영화 수십 편에 출연한 사람이 지금 와서 "저는 영화배우가 아닙니다. 그저 좋아서 영화에 출연한 것뿐입니다"라고 아무리 우겨도 소용없다. 세상은 그 사람을 영화배우라고 낙인찍는다. 그리고 한 번 낙인이 찍히면 그다음부터는 영화를 찍지 않아도 영화배우인 것이다.

'개그 콘서트'에 수십 차례 출연하면서 어떤 코너에 계속 나오는 사람이 어떻게 개그맨이 아닐 수 있겠는가? 이런 점에서 나는 작가가 아니라고 아무리 우겨도 그것은 어불성설일 수밖에 없다.

그렇다면 어떻게 해서 평범한 남자가 작가가 될 수 있었던 것일까? 도서관이라는 기적과 마법의 공간 때문이다. 도서관은 이 세상에서 가장 특별하고 놀라운 공간이며, 우리가 상상도 하지 못하는 엄청난 위력을 가지고 있다.

도서관이라는 기적과 마법의 공간을 통해 나는 작가라는 호칭을 보물섬에서 보물을 발견하듯 얻었다. 도서관에서 에디슨은 최고의 발명가라는 보물을 얻었고, 워렌 버핏은 세계 최고의 투자가라는 보물을 얻었고, 빌 게이츠는 컴퓨터의 황제라는 보물을 얻었다.

도서관은 새로운 인생이 펼쳐지는 기적의 공간이다. 그러한 공간이 바로 당신의 주위에 있다. 한 시간 이내면 갈 수 있는 곳에 도서관이 있다. 그런데도 당신은 그곳을 외면하고 있지는 않은가?

어떤 이들은 부와 성공을 좇기에 바빠서, 어떤 이들은 남들에게 뒤처지는 것이 두려워서, 어떤 이들은 남들과 다를 바 없는 삶을 살기 위해 경쟁하기에 바빠서 도서관이라는 기적의 공간을 좀처럼 찾지 않는다.

하지만 도서관에는 부와 성공이 숨겨져 있고 어떤 분야에서든 최고가되고, 대가가 되는 길이 펼쳐져 있다. 그러므로 부와 성공을 만나고 싶다면, 자신이 선택한 그 분야에서 최고가 되고 싶다면 도서관이라는 기적의 장소에 남들보다 더 많이 더 자주 가야 할 필요가 있다. 이 책 첫 시작에서 한 번 인용했지만 다시 한 번 융의 말을 들어보자.

> 모든 로마인들은 노예에게 둘러싸여 있었다. 노예와 노예들의 심리가 고대 이탈리아에 흘러넘쳤고 로마인은, 물론 부지불식간이긴 하지만, 내면적으로 노예가 되어버렸다. 언제나 노예들의 분위기 속에서 생활했기 때문에 무의식적으로 그들의 정신세계에 젖어든 것이다. 이 같은 영향으로부터 자신을 방어할 수 있는 사람은 아무도 없다.
>
> _칼 구스타브 융, 《분석심리학 논고》

심리학자 칼 구스타브 융이 언급한 이 말에서 나는 환경이 그저 수동적으로 우리를 둘러싸고 있는 것이 아니라 능동적으로 개입하는 그 무엇이라는 사실을 깨달았다. 노예로 둘러싸인 환경에서 사는 사람들은 알게 모르게 노예와 같은 생각을 하게 되고, 노예와 같은 행동을 하게 된다. 바로 우리를 둘러싼 그 환경이 우리의 의식을 형성해버리기 때문에 우리는 환경을 절대로 무시할 수 없는 존재들이다. 환경은 수동적이기 이전에 영향을 주고 개입하는 작용과 반작용의 원리를 가지고 있다. 이런 점에서 도서관은 수천, 수만 권의 책으로 둘러싸여 있는 환경을 만들기 때문에 기적의 공간이 되는 것이다.

도서관은 어떻게
기적의 공간이 되는가

    도서관이 기적을 만드는 공간인 이유 중 하나는 그곳이 도전을 받게 하면서도 동시에 응전을 할 수 있게 해주는 유일한 장소이기 때문이라고 나는 생각한다.

    위대한 역사학자인 아놀드 토인비는 자신의 저서 《역사의 연구》를 통해 '인류 문명의 역사는 도전과 응전의 역사'라는 사실을 주장했다. 그에 따르면 인류의 문명이 꽃핀 지역은 그 어떤 도전도 없는 비옥하고 안전한 지역이 아니라 매년 홍수와 가뭄으로 시달려야 했던 척박한 곳이었다. 척박한 땅에서 살기 때문에 매년 도전을 받았고, 그에 대해 응전하는 과정에서 인류는 더 발전하고 성장했다. 이렇듯 도전에 대한 응전을 통해 인류의 역사가 형성되어 왔다.

    도서관에서는 수많은 책을 읽음으로써 그야말로 수많은 도전에 직면하게 된다. 그리고 또 다른 책을 통해 여기에 응전한다. 예를 들어 위대한 영웅의 스토리를 통해 용기 있는 자에 대한 도전을 받는다. 그리고 또 다른 책을 통해 용기를 얻음으로써 이에 응전한다. 그 결과 책을 읽기 전에는 겁쟁이였던 사람이 책을 통해 용자(勇者)가 되고 성장을 이룬다.

어떤 책을 통해서는 미래를 정확히 내다보는 통찰력을 가진 사람이 되어야 한다는 도전을 받는다. 그러한 책의 도전에 대항하여 또 다른 책들을 통해 미래를 정확히 내다볼 수 있는 시각과 통찰력을 키우면서 그러한 도전에 정면으로 응전하게 되고, 결국 성장을 이룬다.

어떤 책을 통해서는 참된 인간이 되는 것에 대해 도전을 받고, 또 다른 책을 통해 참된 인간이 되는 방법을 배우고, 그 길을 실천함으로써 그러한 도전에 정면으로 응전한다.

이렇듯 도서관은 한마디로 '도전과 응전의 공간'이며 '도전과 응전이 활발하게 이루어지는 시스템'이라고 정의할 수 있다. 인류가 지적으로 문명을 꽃피울 수 있게 된 것은 자연과 환경의 끊임없는 도전 때문이었다. 그리고 그러한 도전에 인류는 물러서지 않고 그때마다 응전함으로써 한 단계씩 성장하고 발전해왔다.

도서관 서재에서 한 권의 책을 선택하여 꺼내 읽는다는 것은 하나의 도전에 직면하는 행위다. 그러한 도전에 응전하는 행위 역시 다른 한 권의 책 혹은 수천 권의 책을 읽는 것이다. 그런 점에서 책을 읽는다는 것은 자기 자신을 순간마다 벼랑 위에 세워 도전에 직면하게 하고, 그 도전에 대응하는 행위라고 할 수 있다.

그것이 올바른 독서의 방법이다. 그저 타인을 비판하거나 자신의 지식을 확장시키기 위해 독서하는 것은 옳지 않다. 이러한 목적을 가지고 독서를 할 때 진정으로 그 어떤 도전에도 직면하지 못하게 되고, 그래서 수천 권의 책을 읽는다 해도 제대로 응전할 기회조차 갖지 못하게 되는 것이다. 그 결과 누군가는 도전과 응전의 과정을 통해 성장하고 발전하지만, 다른 누군가는 그렇게 하지 못한다. 독서를 지식의 확장이나 타인에 대한 비판의 도구로 전락시켜 버렸기 때문이다. 이런 식으로 독서를 하는 사람은 수백 권의 책을 읽어도 인생이 바뀌지 않는다.

도서관이 기적을 만드는 공간인 이유는 인류가 문명을 발전시켰던 이유와 정확히 일치한다. 당신이 일상생활과 경험을 통해 100년 정도 살면서 겪게 되는 도전과 응전을, 그리고 10년간의 여행을 통해 체험할 수 있는 도전과 응전을 도서관에서는 1년이면 능동적으로 다 겪을 수 있다. 도전과 응전이라는 측면에서도 도서관의 시간 대비 투자 수익률은 단연 독보적이다.

붓을 들지 않는 독서는
독서가 아니다

《느리게 걷는 사람》을 쓴 작가이자 문화사학자인 신정일 선생은 나와 비슷한 점이 많다. 먼저 오직 독학으로, 즉 책을 통해 글을 쓸 수 있는 사람이 되었다는 점이 그렇다. 그가 출간한 35권(이 책을 쓰는 동안 2권의 책이 더 출간됨)이 모두 독학을 통해 이루어졌다는 점도 비슷하고 발표한 책수도 비슷하다.

몇 년 전 가을이었다. 《조선을 뒤흔든 최대 역모사건》을 내고 〈한겨레신문〉의 한승동 기자와 인터뷰 도중에 기자가 내게 물었다.

"선생님, 지금까지 몇 권의 책을 쓰셨습니까?"

"35권의 책을 썼습니다."

내 말을 들은 한 기자가 한참을 있다가 내게 다음과 같이 말했다.

이 대목만 놓고 본다면 나 역시 지난 1년 6개월 동안 33개의 박사 학위를 받은 것이나 다름없다. 하지만 글쓰기가 가져다준 것은 박사 학위보다 훨씬 더 큰 것이며 지대한 의미를 가지고 있음을 나는 잘 알고 있다.

"책읽기는 나를 성장시켰다. 그리고 글쓰기는 내 인생을 바꾸어놓았다."

그래서 나는 나의 책읽기 수련과 글쓰기 수련에 대한 책을 1년이라는 시간을 두고 천천히 깊이 있게 써 내려가고 있다. 그 책은 또 다른 나의 도서관의 기적이 될 것이다.

책읽기가 나를 변화시켰다면, 글쓰기는 그러한 변화의 완성을 의미하고, 그 결과 내 인생을 송두리째 바꾸어놓았다. 그런 점에서 나는 독서의 완성은 글쓰기가 되어야 한다고 주장한다.

"붓을 들지 않는 독서는 독서가 아니다."

마오쩌둥이 한 말이다. 나는 여기서 한술 더 뜨고 싶다. "글쓰기를 하지 않는다면 독서는 무용지물이 될 수 있다"고 말이다. 내가 이렇게 말하는 이유는 단순하다.

독서가 본능적으로 이루어졌고, 그것이 3년이라는 세월을 통해 어느 정도 숙성되고 익어가자 저절로 글쓰기로 이어졌고, 봇물이 터지듯 그렇게 글들이 쏟아져 나왔기 때문이다. 책읽기가 나를 완전히 다른 나로 바꿔버린 것이다. 나는 잘 알고 있다. 책을 읽기 전과 읽은 후의 내 모습이 얼마나 다른지를 말이다.

또한 글쓰기가 내 인생을 바꾸어놓았다. 나는 이 사실에 대해 지금도 놀라고 있다. 글쓰기를 하지 않았다면 내 인생은 하나도 달라지지 않았을 것이 분명하기에, 책읽기가 여전히 미완의 상태로 남아 있을 것이기에 이 것이 놀라울 따름이다.

나의 개인적인 경험을 토대로 한 가지 말할 수 있는 사실은 책읽기와 글쓰기는 별개의 것이 아니라는 점이다. 책읽기를 제대로 하고, 많이 한 다면 반드시 저절로 자연스럽게 글쓰기를 하게 된다. 아니, 그러지 않고 는 배겨낼 수가 없다.

이 책《나는 도서관에서 기적을 만났다》는 여기까지다. 하지만 이 한 권의 책으로는 내가 경험했던 3년간의 책읽기와 1년간의 글쓰기에 대해 서 다 다루기 힘들 것 같다. 그래서 책읽기와 글쓰기에 대한 본격적인 이 야기는 다른 두 권의 책을 통해 시리즈로 담아낼 것이다. 그것도 1년이라 는 세월 동안 숙성시킨 후에 말이다(좀 더 깊이 있는 책읽기와 글쓰기에 관한 나의 책이 궁금한 독자들은 1년을 기다려주기를 바란다).

도서관에서 보낸 1000일은
내 인생 최고의 선물이었다

나에게 도서관은 특별하다. 그곳은 나를 신대륙과 같은 새로운 인생으로 향하는 배에 올라탈 수 있게 해주었다. 그리고 새로운 인생을 살아갈 힘과 신분을 스스로 만들어낼 수 있는 시스템을 내면에 만들어준 기적의 장소였다.

도서관만큼 놀라운 장소가 이 세상에 또 어디 있을까?

도서관은 누구에게나 열린 공간이다. 이 세상에서 그 누구도 차별하지 않는 유일한 공간이 도서관이다. 도서관을 방문해본 사람들은 잘 알 것이다. 그곳은 이 세상에 존재하지만 이 세상을 초월한 유일한 공간이라는 사실을 말이다.

도서관은 내가 평생 살면서 받은 가장 소중하고 큰 선물이었다. 그 선물은 누구에게나 차별 없이 그 자리에 존재한다. 그것을 선물로 받아들이

느냐, 아니면 그저 나와 상관없이 존재하는 세상의 수많은 건물이나 공간 중 하나로 받아들이느냐가 남아 있을 뿐이다. 그 선택은 오롯이 자기 자신의 몫이다.

누구에게는 인생이 기적이며 선물일 것이고, 누구에게는 평생 짊어지고 가야 할 무거운 짐일 것이다. 그리고 누군가에는 매일 골목길에서 흔하게 볼 수 있는 돌멩이와 같을 것이다.

그 차이를 가르는 것은 전적으로 당신에게 달려 있다.

자신의 인생을 기적으로 만들고 값진 선물로 만드는 이는 가슴 뛰는 삶을 갈망하는 사람들이다. 그들은 비교 불가능한 자신을 만드는 사람들이며 최고의 인생을 살아가는 법을 발견한 선각자들일 것이다.

"능력이 없기 때문이 아니라 올바른 의식, 강한 의식, 큰 의식이 없기 때문에 실패한다."

대기업에 다니니까 이 정도면 괜찮다는 평범한 의식, 지금 잘나가고 있으니까 이제는 문제없다는 안일한 의식, 스펙이나 실력만 쌓으면 어떻게든 되겠지 하는 의식, '나는 원래 이런 사람이었어'라고 생각하며 스스로를 틀에 가두는 보통 사람 의식 등을 가진 사람은 절대로 그런 인생에서 벗어날 수 없다.

하지만 의식을 강하게 만들고, 올바르게 만들고, 크게 만들면 과거와 다른 인생을 살아갈 수 있다.

대기업을 다니면서 느낀 점 중 하나는 많은 동기 중에서 임원이 되지 못할 사람과 나중에 결국 어떻게든 임원이 될 사람이 분명하게 구별된다는 점이다. 그들을 구별하는 차이는 그들이 어떤 생각, 어떤 의식을 가지고 직장생활을 하고 있느냐였다.

나중에 어떻게든 임원이 되는 동기들은 그렇지 못한 동기들이 가지고 있지 않은 남다른 특별한 의식을 가지고 있었다. 그것은 바로 '나는 반드시 임원이 될 수 있을 것'이라는 믿음이었다.

생각해보라. 내면에 항상 '나는 임원이다'라는 의식 덩어리를 간직한 채 살아온 이들과 그런 의식 없이 대충 그럭저럭 혹은 열심히 살아온 사람 중에 누가 임원이 될 수 있겠는가?

인생도 이와 다르지 않다. 당신을 지배하는 의식이 어떠하냐가 당신의 인생을 결정한다. 하지만 인간의 의식은 특별한 생각을 한두 번 한다거나 의도적으로 며칠 혹은 몇 달을 노력한다고 해서 쉽게 바뀌지 않는다. 그러므로 이 책에서 제시하는 최고의 인생을 사는 법을 통해 조금씩 바꾸어 나가야 한다.

부와 성공과 최고의 인생은 능력이 아니라 당신의 의식에 달려 있다. 의식을 조금씩 바꾸어나갈 수 있는 최고의 방법은 도서관에 가는 것이다. 수천 년 동안 인류가 쌓아온 모든 지식의 총합이 그 자체로 작은 세계인 수많은 책 속에 숨겨져 있다. 그리고 마법의 공간, 도서관에 그 책들이 모여 산다. 이 도서관은 당신을 기다리며 당신의 손길을 애타게 고대하고 있다.

내가 지금까지 살면서 받은 선물 중 최고는 '도서관 생활'이다. 이것은 다른 사람에게 받은 것이 아니라 나 자신에게서 받은 것이다. 이 인생 최고의 선물 덕분에 나는 새로운 인생의 장을 당당하게 펼쳐 보일 수 있게 되었다.

　이 책을 읽는 모든 독자도 나처럼 스스로에게 최고의 선물을 선사할 수 있었으면 좋겠다. 그렇게만 된다면 이 책을 쓴 작가로서 무한한 보람을 느낄 수 있을 것 같다.

도서관을 '읽고' 싶은 이들을 위한
몇 개의 짧은 서평

밤의 도서관

나 혼자만의 도서관이든 많은 독서가와 공유하는 도서관이든 간에, 내 눈에 도서관은 언제나 기분 좋게 몰두할 수 있는 곳으로 보였다. 도서관의 미로가 갖는 복잡한 논리적 원칙에서 헤어나기 어려웠기 때문이다. 달리 말하면, 도서관은 기술이 아니라 이성이 무질서하게 정리된 책들을 지배하는 곳이란 뜻이다. 지금도 서가가 빼곡히 들어찬 공간에서 길을 잃으면 재밌는 모험에 나선 기분이 들고, 일정한 원칙에 따라 배열된 문자와 숫자가 언젠가는 나를 약속된 목적지로 인도해줄 거라는 근거 없는 확신에 넘친다.

_알베르토 망구엘, 《밤의 도서관》

알베르토 망구엘은 아르헨티나 출신의 캐나다 작가이다. 또한 번역가, 편집자이자 세계 최고의 독서가로 알려졌다. 방대한 독서량으로 유명한 그는 발간하는 책마다 해박한 지식으로 세상 사람들을 놀라게 한다.

그의 작품 중 하나인 《밤의 도서관》이란 책에는 도서관에 대한 그의 낭만과 놀라운 견해가 깊이 있게 담겨 있다. 그에게도 도서관은 마법과 같은 공간이라는 사실을 알고서 나는 놀라지 않을 수 없었다.

알고 보니 그 역시 도서관에서 기적을 만난 사람 중 한 명이었던 것이다. 그렇게 도서관에서 기적을 만난 사람은 어쩔 수 없이 평생 독서와 관계된 일을 해야 하는 것일까?

이 말이 누군가에게는 정말 재미없는 소리처럼 들릴지도 모른다. 하지만 도서관의 마법에 걸린 이들은 하나같이 도서관이 세상에서 제일 재미있는 곳이라는 사실을 확신한다.

그는 자신의 방대한 독서량에 걸맞게 이 책에서 도서관에 관한 많은 역사적 사실들을 자연스럽게 풀어놓으면서 독자들로 하여금 도서관에 대한 엄청난 지식을 습득할 수 있도록 이끌어주고 있다.

도서관을 좋아하는 사람들이라면 이 책을 읽고 열광하지 않을 수 없을 것이다. 도서관의 역사가 이렇게 깊은가? 도서관을 빼놓고 인류의 역사에 대해 이야기하는 것이 과연 가능할까?

재미있는 사실은 이 책의 저자가 도서관에 대한 자신의 낭만과 지식을 피력하기 위해 소설 속에 언급되는 이야기까지 끄집어내어 활용했다는 점이다. 그의 방대한 독서량과 기억력에 고개가 절로 숙여졌다.

소설 속에 등장하는 도서관의 이야기를 통해 독자들이 도서관에 대한 철학을 깊이 경험하게 된다는 점에서 이 책은 마법 같은 매력을 갖고 있다.

한마디로 도서관에 대한 역사와 철학에 대해 궁금한 독자들이 있다면 이 책은 가장 먼저 읽어야 할 책이면서 마지막 책이 될 것 같다.

도서관, 그 소란스러운 역사

도서관은 말을 담고 있는 책을 관리하면서 과학기술과 변화의 힘, 시간의 힘과 맞서 싸워왔다. 그와 같은 변화는 끝없이 순환하는 재생 과정의 일부다. 재생과 관련해 도서관은 독자에게 감사해야 한다. 흑인의 출입을 금지했던 짐 크로 도서관을 자기 발견의 도구로 바꾸어놓았던 리처드 라이트를 생각해보라. 장소와 시대는 다르지만 라이트가 발견했던 바로 그 세계, 곧 책의 숲에서 평생을 살았던 발터 벤야민을 생각해보라. 벤야민은 미완성의 책이 들어 있는 가방을 든 채 프랑스와 스페인 국경에서 저지당했다. 라이트는 빌린 대출 카드를 아직 씌어지지 않는 자신의 책들이 기다리고 있는 세계로 들어가는 여권처럼 사용했다.

_매튜 배틀스, 《도서관, 그 소란스러운 역사》

하버드대학교의 휴턴도서관(희귀본 도서관)의 사서인 매튜 배틀스 (Mattew Battles)는 자신의 직업과 경험과 독서를 토대로 하여 이 책에 도서관 파괴의 역사를 담았다.

책을 태우고 학자들을 산 채로 매장해버린 시황제의 이야기는 도서관 파괴의 역사를 거론하는 책에서 빠질 수 없는 듯하다. 책의 집합소가 도서관이지만 실제로 도서관은 그 이상의 의미가 있는 곳이다.

매력적이고 역사적인 도서관들이 아주 간결하게 소개된 이 책에서 독자들은 수많은 도서관이 파괴되었다는 사실을 발견할 수 있다. 그렇게 파괴되고 다시 만들어지고 유지되는 과정을 통해 도서관의 힘과 책의 역설에 대해 조금씩 눈뜨게 될 것이다.

특히 19세기가 도서관을 건축하는 시기였다면, 20세기는 도서관을 파괴하는 시기였다는 사실에 대해 적잖은 충격을 받게 될 것이다. 나 역시 그랬다. 그리고 그때 앞장선 나라가 독일이라고 한다.

대표적인 사례가 인구 4만 5000명의 도시이자 저지대 국가의 학문 중심지인 루뱅의 장엄한 도서관들이 모두 파괴된 일이다. 그리고 나치는 도서관을 불태웠을 뿐만 아니라 100만 권 이상의 책들을 약탈했다고 한다.

제목처럼 이 책은 소란스러운 도서관 파괴의 역사를 고스란히 담고 있다. 450개 언어로 된 1억여 권의 책을 소장하고 있는 미국 의회도서관도 전 세계의 수많은 지역에 존재하는 셀 수 없이 많은 개인 도서관들과 국·공립 도서관과 개인의 서재에 있는 모든 책을 모아놓은 것에 비교하면 파편에 불과하다.

그런 점에서 이 지구는 하나의 거대한 도서관인지도 모른다. 그래서 나는 도서관의 파괴는 인류가 완전히 파괴되기 전에는 불가능한 것이라 생각한다. 이렇게 스스로 위안을 삼으며 이 책을 덮었다.

　도서관의 시끄러운 파괴의 역사가 궁금한 독자들이 있다면 이 책을 꼭 읽어보기를 추천한다. 그러나 도서관이 얼마나 무자비하게 파괴되었고, 책들이 얼마나 많이 불태워졌는지를 알게 되면 적잖은 충격을 받게 되리라 각오해야 할 것 같다.

세계 도서관 기행

> 세계 유수의 40여 개의 도서관을 여행하면서 나는 인간 지성의 위대함과 호흡할 수 있었다. 도서관은 인류의 영혼이 숨 쉬고 있는 곳이다. 이 오래된 공간을 거닐며, 훌륭한 도서관에 예외 없이 족적을 남긴 위대한 지도자와 학자, 문인, 사상가들의 선견과 지혜에 감복했다. 그 감동은 아직도 생생하다. 글을 써나가면서 종종 매혹적인 도서관의 자태가 아른거렸고, 천년을 버텨온 진귀한 서적의 냄새가 코끝을 맴돌았다.
>
> _유종필, 《세계 도서관 기행》

　이 책은 한마디로 도서관을 사랑하는 한 사람의 전 세계 도서관 기행문이다. 그의 기행의 시작은 도서관 공화국이라 불리는 미국에서부터 시작된다.

　세계 최대 규모의 도서관인 미 의회도서관, 세계적 명성을 자랑하는 공공도서관인 뉴욕공공도서관, 세계 최초의 도서관인 이집트의 알렉산드리아도서관, 도스토옙스키나 톨스토이 같은 거장의 손때 묻은 고서가 있는 러시아 도서관, 일본과 중국의 도서관, 영국과 독일, 프랑스의 도서관, 북한과 한국의 도서관 등 세계적으로 이름난 도서관은 이 책에서 다소개된 듯하다.

다른 나라의 도서관은 어떨까 하는 궁금증을 가지고 있는 독자에게 이 책보다 더 좋은 책은 없을 것 같다.

이 책에는 다행스럽게도 다양한 세계의 도서관을 눈으로 볼 수 있게 많은 사진을 곁들여놓았다. 그뿐만 아니라 도서관에 대한 재미있는 역사와 깊이 있는 철학 이야기도 나온다. 그리고 무엇보다 사람 냄새 나는 인간의 이야기도 빠지지 않고 있다.

그런 점에서 이 책은 도서관에 관한 책 중에서 유일하게 기행문이면서 동시에 철학과 문학이 공존하는 책이다.

그리고 2004년 이 책의 저자가 방문한 북한의 대표 도서관인 인민대학습당이 소개되어 있는 것이 매우 흥미롭다. 북한의 도서관에 이어서 한국의 다양한 특색 있는 도서관에 대해서도 살펴볼 수 있다.

위대한 인류의 정신들이 남긴 수만 갈래 길 속에서 우리는 현기증을 느끼며 길을 잃기도 한다. 그러나 그것은 좀 더 나은 길을 발견하기 위한 과정임을 안다. 도서관에 간다는 것, 그리고 도서관에 대해 알아간다는 것은 모두 그러한 과정 중 하나라 생각한다.

그런 점에서 이 책은 우리가 새로운 길을 찾기 위한 좋은 나침반이 되어줄지도 모른다. 좋은 도서관이 많이 있는 나라가 결국 좋은 길을 발견하기에 가장 유리한 나라라는 것을 생각해본다.

지상의 위대한 도서관

그 옛날, 인류는 기억의 흔적을 오래 간직하기 위해 동굴 속이나 암벽에 글과 그림을 남겼다. 그들은 단지 한 장소에 새겨둔 기억을 서로 나누며 함께 보려고 진흙덩이를 구워 점토판 책을 만들었으며, 송아지 가죽에 글을 옮기고 갈댓잎을 말려 기록한 다음 도서관을 만들었다. 이러한 원초적 도서관이 있었기에 오늘날 이만큼의 문명사회가 이룩된 것이라고 이야기하는 데 누구도 인색하지 않다.

나는 그 원형이 과연 언제 어디서 탄생했고, 어떻게 출발했는지 직접 눈으로 확인하고 싶었다. 고대 도서관 유적에서부터 중세를 거쳐 초기 대학 도서관을 들여다보고, 세계 공공도서관의 수준은 지금 어디쯤 와 있는지 그 속살도 만져보고 싶었다.

_최정태, 《지상의 위대한 도서관》

이 책은 도서관의 속살인 내부에 대해 그 어떤 책에서도 볼 수 없을 만큼 자세한 설명과 서술을 해놓았다. 그런 점에서 충분히 읽어볼 만한 가치가 무궁무진하다.

위대한 도서관이 어쩌면 세상을 만드는 것인지도 모른다. 그러한 사실을 잘 말해주는 도서관이 알렉산드리아도서관이다. 이 책의 저자는 이곳에서 알렉산드리아가 위대할 수 있었던 이유를 찾은 것 같다.

이 책을 재미있게 읽는 방법 중 하나는 위대한 도서관들의 건축으로서의 특징을 비교하는 것이다. 그리고 또 한 가지는 도서관마다 다르게 표시된 간판이나 문장들이다. 과거에 존재했다가 사라진 도서관들의 구조와 간판의 모습을 비교하고 정리하는 것도 좋은 방법이다.

인류가 만든 120개 문자를 깊이 음각해놓은 알렉산드리아도서관의 외벽은 매우 인상적이다. 여기에는 세계 여러 나라의 문자들이 들어 있다. 자랑스럽게 한글도 들어 있다. 그것도 다섯 글자나 된다. '월' '강' '여' '름' '세'라고 한다.

고대 그리스어로 '영혼의 요양소'라는 문패가 아직도 남아 있는 도서관이 있다. 그만큼 도서관과 관련된 흥미롭고 다양한 이야기들이 이 책에 담겨 있다.

이 책을 통해 처음 알게 된 흥미로운 사실 중 하나는 하버드대학교에 관한 것이다. 지금 하버드대학교에는 1600만 권의 책이 있다고 한다. 그런데 하버드대학교를 세계적인 명문대학으로 만들어낸 것은 똑똑한 학생들이나 훌륭한 교수들이 아니라 24시간 불이 꺼지지 않는 대학 도서관과 엄청난 책의 힘이었다는 사실이 놀라웠다.

하버드대학교는 창설된 지 370년이 넘었다. 그런데 놀랍게도 하버드대학교가 세계 최고의 대학이라는 명칭을 얻게 된 것은 최근의 일이라고 한다. 그리고 그러한 명칭을 얻게 된 가장 큰 이유가 도서관 장서 수의 증가 때문이라고 한다. 도서관이 소장하고 있던 장서 수가 10만 권에 불과하던 것이 20세기 초 100만 권을 돌파하면서부터 세계 최고 명문대학의 영예를 얻기 시작했다는 것이다. 그 이전의 하버드대학교는 세계의 대학 중 그 어떤 명성도, 존재감도 없었던 수많은 평범한 대학교 중 하나였다고 한다.

더 재미있는 사실은 하버드대학교는 처음부터 대학교가 아니었다는 점이다. 하버드대학교의 시작은 330권의 도서를 비치하고 있던 '작은 도서관'이라고 한다.

도서관을 사랑하는 한 사람으로서 세계 최고의 대학이 작은 도서관에서 시작되었다는 사실은 정말 황홀한 이야기가 아닐 수 없었다.

고대 도서관의 역사

이 책은 고대 도서관에 대해 전체적으로 살펴본 최초의 연구서이다. 기원전 3000년 고대 근동에서 처음으로 도서관이 등장한 후부터 4~5세기 기독교와 수도원 제도의 확산으로 도서관 역사가 근본적 변화를 일으킨 초기 비잔틴 제국 시대에 이르기까지 도서관에 대해 알려진 모든 것들을 총괄적이고도 종합적으로 서술하고 있다.

_라이오넬 카슨, 《고대 도서관의 역사》

고대의 도서관? 정말 그런 것들이 있을까? 그것이 궁금하다면 라이오넬 카슨(Lionel Casson)의 이 책을 꼭 보기를 권한다.

이 책에는 이제까지 그 누구도 알지 못했던 고대의 사실들이 고스란히 담겨 있기 때문에 고대의 역사에 관심이 있는 독자라면 굉장히 좋아할 것이다.

인류 최초의 기록물은 기원전 3000년 이전으로 추정된다. 점토판에 문양을 새긴 것이라고 하는데 정확하지 않다고 한다. 그 당시 혹은 그 이전의 기록물들이 썩기 쉬운 재료를 사용했기 때문에 정확히 추적할 수 없다는 이유에서이다.

인류 문명 초기의 점토판에 새겨진 내용들도 흥미롭다. 이혼 합의서, 법원 판결문 등에 관한 내용도 있다고 한다.

이 책에는 엄청난 새로운 사실들이 담겨 있다. 기록상 첫 공공도서관인 알렉산드리아도서관에 직접적인 영향을 준 두 가지 사건이 있다고 한다. 그중 하나가 아리스토텔레스가 만든 거대한 개인 도서관이라고 한다.

방대한 지식을 가졌던 아리스토텔레스의 힘의 근원이 바로 엄청난 책들이었고, 그 책들이 그의 개인 도서관에 보관되어 있었다. 그리고 그러한 책들을 좀 더 효과적으로 보관하고 정리하기 위해 도서를 정리하는 법을 최초로 개발한 사람이 아리스토텔레스라고 한다.

그뿐만 아니라 이 책에는 다른 책에서는 볼 수 없는 고대에 대한 기록이 비교적 자세하게 소개되어 있다. 그래서 이 책은 일반 독자들뿐만 아니라 학자들이 보아도 손색이 없을 것 같다.

고대 근동에서부터 알렉산드리아도서관을 거쳐 로마 제국의 도서관까지, 도서관의 역사에 대해 이 책은 거의 완벽하게 서술해놓은 유일한 책으로 보인다. 그런 점에서 학술적인 도서로 더욱더 가치가 높다는 생각이 든다.

인류 문명의 도서관에 대한 역사를 공부하는 학생이나 학자라면 이 책은 필수 코스가 되어야 할 것 같다.

더불어 고대 도서관의 역사에 대해 이 책을 토대로 하여 누군가는 중세 도서관의 역사에 대한 책을 저술해야 할 것 같다. 그러한 책을 저술하고 싶은 독자가 있다면, 혹은 작가가 있다면 이 책은 좋은 나침반이 될 것이다.